folio+ COLLÈGE

DIRE L'AMOUR EN POÉSIE

+ dossier
par Lucie Lelong

Lucie Lelong est professeure agrégée de lettres modernes au lycée du Parc des Loges d'Évry.
Laura Yates a réalisé les infographies et les pictos.

1

EXPLIQUER L'AMOUR

JEAN-BAPTISTE DE GRÉCOURT (1684-1743)
Poésies choisies, 1735

Qu'est-ce que l'amour?

C'est ce lutin qui fait qu'on ne dort pas,
Qu'on ne vit qu'à demi, qu'à toute heure on soupire,
Qui, dès le grand matin, tourne en hâte nos pas
    Vers un objet qui fait notre martyre ;
C'est ce charmant accord qui nous force d'aimer,   _ 5
C'est ce je-ne-sais-quoi qu'on ne peut exprimer :
En un mot, c'est ce feu toujours insatiable
    Qui nous dévore et nous suit en tout lieu.
        Plusieurs disent que c'est un dieu,
        Pour moi je crois que c'est un diable.   _ 10

JEAN DE LA FONTAINE (1621-1695)
Les Fables, XII, 1693

L'Amour et la Folie

Tout est mystère dans l'Amour,
Ses flèches, son Carquois, son Flambeau, son Enfance
Ce n'est pas l'ouvrage d'un jour,
Que d'épuiser cette Science.
5 — Je ne prétends donc point tout expliquer ici.
Mon but est seulement de dire à ma manière
Comment l'Aveugle que voici
(C'est un Dieu), comment, dis-je, il perdit la lumière :
Quelle suite eut ce mal, qui peut-être est un bien.
10 — J'en fais juge un Amant, et ne décide rien.
La Folie et l'Amour jouaient un jour ensemble.
Celui-ci n'était pas encor privé des yeux.
Une dispute vint : l'Amour veut qu'on assemble
Là-dessus le Conseil des Dieux.
15 — L'autre n'eut pas la patience.
Elle lui donne un coup si furieux,
Qu'il en perd la clarté des Cieux.
Vénus en demande vengeance.
Femme et mère, il suffit pour juger de ses cris :
20 — Les Dieux en furent étourdis ;

Et Jupiter, et Némésis[1],
Et les Juges d'Enfer, enfin toute la bande.
Elle représenta l'énormité du cas.
Son fils sans un bâton ne pouvait faire un pas :
Nulle peine n'était pour ce crime assez grande.   _ 25
Le dommage devait être aussi réparé.
    Quand on eut bien considéré
L'intérêt du Public, celui de la Partie,
    Le Résultat enfin de la suprême Cour
Fut de condamner la Folie   _ 30
    À servir de guide à l'Amour.

---

1. Déesse de la juste colère et de la vengeance divine dans la mythologie grecque.

PIERRE DE RONSARD (1524-1585)

Sonnets pour Hélène, 1578

Madrigal

Si c'est aimer, Madame, et de jour et de nuit
Rêver, songer, penser le moyen de vous plaire,
Oublier toute chose, et ne vouloir rien faire
Qu'adorer et servir la beauté qui me nuit ;
5 — Si c'est aimer de suivre un bonheur qui me fuit,
De me perdre moi-même et d'être solitaire,
Souffrir beaucoup de mal, beaucoup craindre et me taire,
Pleurer, crier merci, et m'en voir éconduit ;
Si c'est aimer de vivre en vous plus qu'en moi-même,
10 — Cacher d'un front joyeux une langueur[1] extrême,
Sentir au fond de l'âme un combat inégal,
Chaud, froid, comme la fièvre amoureuse me traite,
Honteux, parlant à vous, de confesser mon mal ;
Si cela c'est aimer, furieux je vous aime.
15 — Je vous aime, et sais bien que mon mal est fatal.
Le cœur le dit assez, mais la langue est muette.

---

1. Affaiblissement physique ou moral causé par l'émotion.

ANONYME (XVIIe siècle)

Tourments sans passions…

Tourments sans passions, passions sans pointure,
Pointure sans douleurs, douleurs sans sentiment,
Sentiment sans vigueur, vigueur sans mouvement,
Mouvement sans espace, espace sans mesure ;

Mesure sans objet, objet sans portraiture,   _ 5
Portrait sans aucun trait, trait sans commencement,
Commencement sans être, être sans élément,
Élément sans humeur, humeur sans nourriture ;

Nourriture sans vie et vie sans plaisir,
Plaisir sans action, action sans désir,   _ 10
Désir brûlant sans feu, feu sans aucune flamme ;

Flamme sans son esprit, esprit sans la raison,
Raison qui n'est en rien qu'étant hors de saison –
C'est ce qu'on dit qu'amour imprime dedans l'âme

PIERRE DE MARBEUF (1596-1645)
Recueil des vers, 1628

Et la mer et l'amour

Et la mer et l'amour ont l'amer pour partage,
Et la mer est amère, et l'amour est amer,
L'on s'abîme en l'amour aussi bien qu'en la mer,
Car la mer et l'amour ne sont point sans orage.

5 — Celui qui craint les eaux, qu'il demeure au rivage,
Celui qui craint les maux qu'on souffre pour aimer,
Qu'il ne se laisse pas à l'amour enflammer,
Et tous deux ils seront sans hasard de naufrage.

La mère de l'amour eut la mer pour berceau,
10 — Le feu sort de l'amour, sa mère sort de l'eau,
Mais l'eau contre ce feu ne peut fournir des armes.

Si l'eau pouvait éteindre un brasier amoureux,
Ton amour qui me brûle est si fort douloureux,
Que j'eusse éteint son feu de la mer de mes larmes.

JACQUES PRÉVERT (1900-1977)

Paroles, Gallimard, 1946

Cet amour

Cet amour
Si violent
Si fragile
Si tendre
Si désespéré — 5
Cet amour
Beau comme le jour
Et mauvais comme le temps
Quand le temps est mauvais
Cet amour si vrai — 10
Cet amour si beau
Si heureux
Si joyeux
Et si dérisoire
Tremblant de peur comme un enfant dans le noir — 15
Et si sûr de lui
Comme un homme tranquille au milieu de la nuit
Cet amour qui faisait peur aux autres
Qui les faisait parler
Qui les faisait blêmir — 20
Cet amour guetté

Parce que nous le guettions
Traqué blessé piétiné achevé nié oublié
Parce que nous l'avons traqué blessé piétiné achevé nié oublié
25 — Cet amour tout entier
Si vivant encore
Et tout ensoleillé
C'est le tien
C'est le mien
30 — Celui qui a été
Cette chose toujours nouvelle
Et qui n'a pas changé
Aussi vraie qu'une plante
Aussi tremblante qu'un oiseau
35 — Aussi chaude aussi vivante que l'été
Nous pouvons tous les deux
Aller et revenir
Nous pouvons oublier
Et puis nous rendormir
40 — Nous réveiller souffrir vieillir
Nous endormir encore
Rêver à la mort,
Nous éveiller sourire et rire
Et rajeunir
45 — Notre amour reste là
Têtu comme une bourrique
Vivant comme le désir
Cruel comme la mémoire
Bête comme les regrets
50 — Tendre comme le souvenir
Froid comme le marbre

Beau comme le jour
Fragile comme un enfant
Il nous regarde en souriant
Et il nous parle sans rien dire _ 55
Et moi je l'écoute en tremblant
Et je crie
Je crie pour toi
Je crie pour moi
Je te supplie _ 60
Pour toi pour moi et pour tous ceux qui s'aiment
Et qui se sont aimés
Oui je lui crie
Pour toi pour moi et pour tous les autres
Que je ne connais pas _ 65
Reste là
Là où tu es
Là où tu étais autrefois
Reste là
Ne bouge pas _ 70
Ne t'en va pas
Nous qui nous sommes aimés
Nous t'avons oublié
Toi ne nous oublie pas
Nous n'avions que toi sur la terre _ 75
Ne nous laisse pas devenir froids
Beaucoup plus loin toujours
Et n'importe où
Donne-nous signe de vie
Beaucoup plus tard au coin d'un bois _ 80
Dans la forêt de la mémoire

Surgis soudain
Tends-nous la main
Et sauve-nous.

2

RÊVER À L'AMOUR

ARTHUR RIMBAUD (1854-1891)
Poésies, 1870

Sensation

Par les soirs bleus d'été, j'irai dans les sentiers,
Picoté par les blés, fouler l'herbe menue :
Rêveur, j'en sentirai la fraîcheur à mes pieds.
Je laisserai le vent baigner ma tête nue.

Je ne parlerai pas, je ne penserai rien :   _ 5
Mais l'amour infini me montera dans l'âme,
Et j'irai loin, bien loin, comme un bohémien,
Par la Nature, – heureux comme avec une femme.

PAUL VERLAINE (1844-1896)

Poèmes saturniens, 1866

Mon rêve familier

Je fais souvent ce rêve étrange et pénétrant
D'une femme inconnue, et que j'aime, et qui m'aime
Et qui n'est, chaque fois, ni tout à fait la même
Ni tout à fait une autre, et m'aime et me comprend.

5 _ Car elle me comprend, et mon cœur, transparent
Pour elle seule, hélas! cesse d'être un problème
Pour elle seule, et les moiteurs de mon front blême,
Elle seule les sait rafraîchir, en pleurant.

Est-elle brune, blonde ou rousse? – Je l'ignore.
10 _ Son nom? Je me souviens qu'il est doux et sonore
Comme ceux des aimés que la Vie exila.

Son regard est pareil au regard des statues,
Et, pour sa voix, lointaine, et calme, et grave, elle a
L'inflexion des voix chères qui se sont tues.

LOUISE GILLOT DE SAINTONGE (1650-1718)
Poésies galantes, 1696

Je croyais, en dormant…

Je croyais, en dormant, voir le héros que j'aime,
Charmé de mon amour, m'assurer de sa foi :
Quel excès de plaisir ! dans cette erreur extrême
Il n'était rien de plus heureux que moi.
C'est toi, lumière trop fatale,   _ 5
Qui viens m'enlever mon bonheur !
En m'éveillant, je pense à ma rivale ;
Mille soupçons jaloux me déchirent le cœur :
Sommeil, rends-moi tes doux mensonges,
Une semblable nuit vaut bien les plus beaux jours ;   _ 10
Que ne puis-je dormir toujours
Puisque je suis heureuse en songes ?

ALOYSIUS BERTRAND (1807-1841)
Gaspard de la nuit, 1842

Madame de Montbazon

«Mme de Montbazon était une fort belle créature qui mourut d'amour, cela pris à la lettre, l'autre siècle, pour le chevalier de la Rüe qui ne l'aimait point.» (*Mémoires de Saint-Simon*)

La suivante rangea sur la table un vase de fleurs et les flambeaux de cire, dont les reflets moiraient de rouge et de jaune les rideaux de soie bleue au chevet du lit de la malade.

«Crois-tu, Mariette, qu'il viendra? — Oh! dormez, dormez un
5 _ peu, Madame! — Oui, je dormirai bientôt pour rêver à lui toute l'éternité.»

On entendit quelqu'un monter l'escalier. «Ah! si c'était lui!» murmura la mourante, en souriant, le papillon des tombeaux déjà sur les lèvres.

10 _ C'était un petit page qui apportait de la part de la reine, à Mme la duchesse, des confitures, des biscuits et des élixirs sur un plateau d'argent.

«Ah! il ne vient pas, dit-elle d'une voix défaillante, il ne viendra pas! Mariette, donne-moi une de ces fleurs que je la respire et la baise pour l'amour de lui!»

_ 15

Alors Mme de Montbazon, fermant les yeux, demeura immobile. Elle était morte d'amour, rendant son âme dans le parfum d'une jacinthe.

ROBERT DESNOS (1900-1945)

Corps et Biens, Gallimard, 1930

J'ai tant rêvé de toi

J'ai tant rêvé de toi que tu perds ta réalité.

Est-il encore temps d'atteindre ce corps vivant et de baiser sur cette
bouche la naissance de la voix qui m'est chère?

J'ai tant rêvé de toi que mes bras habitués en étreignant ton ombre
5 — à se croiser sur ma poitrine ne se plieraient pas au contour de ton
corps, peut-être.

Et que, devant l'apparence réelle de ce qui me hante et me gou-
verne depuis des jours et des années je deviendrais une ombre
sans doute,

10 — Ô balances sentimentales.

J'ai tant rêvé de toi qu'il n'est plus temps sans doute que je m'éveille.
Je dors debout, le corps exposé à toutes les apparences de la vie
et de l'amour et toi, la seule qui compte aujourd'hui pour moi, je
pourrais moins toucher ton front et tes lèvres que les premières
15 — lèvres et le premier front venu.

J'ai tant rêvé de toi, tant marché, parlé, couché avec ton fantôme
qu'il ne me reste plus peut-être, et pourtant, qu'à être fantôme
parmi les fantômes et plus ombre cent fois que l'ombre qui se pro-
mène et se promènera allégrement sur le cadran solaire de ta vie.

CHARLES CROS (1842-1888)

Le Coffret de santal, « Fantaisies en prose », 1879

Distrayeuse

La chambre est pleine de parfums. Sur la table basse, dans des corbeilles, il y a du réséda, du jasmin et toutes sortes de petites fleurs rouges, jaunes et bleues.

Blondes émigrantes du pays des longs crépuscules, du pays des rêves, les visions débarquent dans ma fantaisie. Elles y courent, y crient et _ 5 s'y pressent tant, que je voudrais les en faire sortir.

Je prends des feuilles de papier bien blanc et bien lisse, et des plumes couleur d'ambre qui glissent sur le papier avec des cris d'hirondelles. Je veux donner aux visions inquiètes l'abri du rhythme et de la rime.

Mais voilà que sur le papier blanc et lisse, où glissait ma plume _ 10 en criant comme une hirondelle sur un lac, tombent des fleurs de réséda, de jasmin et d'autres petites fleurs rouges, jaunes et bleues.

C'était *Elle*, que je n'avais pas vue et qui secouait les bouquets des corbeilles sur la table basse.

Mais les visions s'agitaient toujours et voulaient repartir. Alors, _ 15 oubliant qu'*Elle* était là, belle et blanche, j'ai soufflé contre les petites fleurs semées sur le papier et je me suis repris à courir après les visions, qui, sous leurs manteaux de voyageuses, ont des ailes traîtresses.

20 _ J'allais en emprisonner une, — sauvage fille au regard vert, — dans une étroite strophe,

Quand *Elle* est venue s'accouder sur la table basse, à côté de moi, si bien que ses seins irritants caressaient le papier lisse.

Le dernier vers de la strophe restait à souder. C'est ainsi qu'*Elle* m'en
25 _ a empêché, et que la vision au regard vert s'est enfuie, ne laissant dans la strophe ouverte que son manteau de voyageuse et un peu de la nacre de ses ailes.

Oh! la distrayeuse!… J'allais lui donner le baiser qu'elle attendait, quand les visions remuantes, les chères émigrantes aux odeurs loin-
30 _ taines ont reformé leurs danses dans ma fantaisie.

Aussi, j'ai oublié encore qu'*Elle* était là, blanche et nue. J'ai voulu clore l'étroite strophe par le dernier vers, indestructible chaîne d'acier idéal, niellée d'or stellaire, qu'incrustaient les splendeurs des couchants cristallisées dans ma mémoire.

35 _ Et j'ai un peu écarté de la main ses seins gonflés de désirs irritants, qui masquaient sur le papier lisse la place du dernier vers. Ma plume a repris son vol, en criant comme l'hirondelle qui rase un lac tran-quille, avant l'orage.

Mais voilà qu'*Elle* s'est étendue, belle, blanche et nue, sur la table basse, au-dessous des corbeilles, cachant sous son beau corps alangui _ 40 la feuille entière de papier lisse.

Alors les visions se sont envolées toutes bien loin, pour ne plus revenir.

Mes yeux, mes lèvres et mes mains se sont perdus dans l'aromatique broussaille de sa nuque, sous l'étreinte obstinée de ses bras et sur ses _ 45 seins gonflés de désirs.

Et je n'ai plus vu que ce beau corps alangui, tiède, blanc et lisse où tombaient, des corbeilles agitées, les résédas, les jasmins et d'autres petites fleurs rouges, jaunes et bleues.

3

DÉCLARER SA FLAMME

CHARLES BAUDELAIRE (1821-1867)

Les Fleurs du mal, 1857

Chanson d'après-midi

Quoique tes sourcils méchants
Te donnent un air étrange
Qui n'est pas celui d'un ange,
Sorcière aux yeux alléchants,

Je t'adore, ô ma frivole,   _ 5
Ma terrible passion !
Avec la dévotion
Du prêtre pour son idole.

Le désert et la forêt
Embaument tes tresses rudes,   _ 10
Ta tête a les attitudes
De l'énigme et du secret.

Sur ta chair le parfum rôde
Comme autour d'un encensoir[1] ;
Tu charmes comme le soir,   _ 15
Nymphe[2] ténébreuse et chaude.

---

1. Petit récipient dans lequel on fait brûler de l'encens lors des cérémonies chrétiennes.
2. Dans la mythologie grecque, divinité représentant les éléments de la nature.

Ah! les philtres les plus forts
Ne valent pas ta paresse,
Et tu connais la caresse
20 — Qui fait revivre les morts!

Tes hanches sont amoureuses
De ton dos et de tes seins,
Et tu ravis les coussins
Par tes poses langoureuses.

25 — Quelquefois, pour apaiser
Ta rage mystérieuse,
Tu prodigues, sérieuse,
La morsure et le baiser;

Tu me déchires, ma brune,
30 — Avec un rire moqueur,
Et puis tu mets sur mon cœur
Ton œil doux comme la lune.

Sous tes souliers de satin,
Sous tes charmants pieds de soie,
35 — Moi, je mets ma grande joie,
Mon génie et mon destin,

Mon âme par toi guérie,
Par toi, lumière et couleur!
Explosion de chaleur
40 — Dans ma noire Sibérie!

PAUL VERLAINE (1844-1896)
Romances sans paroles, 1874

Green

Voici des fruits, des fleurs, des feuilles et des branches
Et puis voici mon cœur qui ne bat que pour vous.
Ne le déchirez pas avec vos deux mains blanches
Et qu'à vos yeux si beaux l'humble présent soit doux.

J'arrive tout couvert encore de rosée   _ 5
Que le vent du matin vient glacer à mon front.
Souffrez que ma fatigue à vos pieds reposée
Rêve des chers instants qui la délasseront.

Sur votre jeune sein laissez rouler ma tête
Toute sonore encor de vos derniers baisers;   _ 10
Laissez-la s'apaiser de la bonne tempête,
Et que je dorme un peu puisque vous reposez.

JEAN TARDIEU (1903-1995)

Monsieur Monsieur, Gallimard, 1951

Étude de pronoms

Ô toi ô toi ô toi ô toi
toi qui déjà toi qui pourtant
toi que surtout.
Toi qui pendant toi qui jadis toi que toujours
5 _ toi maintenant.
Moi toujours arbre et toi toujours prairie
moi souffle toi feuillage
moi parmi, toi selon !
Et nous qui sans personne
10 _ par la clarté par le silence
avec rien pour nous seuls
tout, parfaitement tout !

PAUL ÉLUARD (1895-1952)
Le Phénix, Éditions GLM, 1951

Je t'aime

Je t'aime pour toutes les femmes que je n'ai pas connues
Je t'aime pour tous les temps où je n'ai pas vécu
Pour l'odeur du grand large et l'odeur du pain chaud
Pour la neige qui fond pour les premières fleurs
Pour les animaux purs que l'homme n'effraie pas   _ 5
Je t'aime pour aimer
Je t'aime pour toutes les femmes que je n'aime pas

Qui me reflète sinon toi-même je me vois si peu
Sans toi je ne vois rien qu'une étendue déserte
Entre autrefois et aujourd'hui   _ 10
Il y a eu toutes ces morts que j'ai franchies sur de la paille
Je n'ai pas pu percer le mur de mon miroir
Il m'a fallu apprendre mot par mot la vie
Comme on oublie

Je t'aime pour ta sagesse qui n'est pas la mienne   _ 15
Pour la santé
Je t'aime contre tout ce qui n'est qu'illusion
Pour ce cœur immortel que je ne détiens pas
Tu crois être le doute et tu n'es que raison
Tu es le grand soleil qui me monte à la tête   _ 20
Quand je suis sûr de moi.

4

DIRE L'ÉTREINTE

CHARLES BAUDELAIRE (1821-1867)
Petits poèmes en prose, 1869

Un hémisphère
dans une chevelure

Laisse-moi respirer longtemps, longtemps, l'odeur de tes cheveux, y plonger tout mon visage, comme un homme altéré dans
l'eau d'une source, et les agiter avec ma main comme un mou-
choir odorant, pour secouer des souvenirs dans l'air.

Si tu pouvais savoir tout ce que je vois ! tout ce que je sens ! tout _ 5
ce que j'entends dans tes cheveux ! Mon âme voyage sur le parfum
comme l'âme des autres hommes sur la musique.

Tes cheveux contiennent tout un rêve, plein de voilures et de
mâtures ; ils contiennent de grandes mers dont les moussons me
portent vers de charmants climats, où l'espace est plus bleu et _ 10
plus profond, où l'atmosphère est parfumée par les fruits, par les
feuilles et par la peau humaine.

Dans l'océan de ta chevelure, j'entrevois un port fourmillant de
chants mélancoliques, d'hommes vigoureux de toutes nations et
de navires de toutes formes découpant leurs architectures fines _ 15
et compliquées sur un ciel immense où se prélasse l'éternelle
chaleur.

Dans les caresses de ta chevelure, je retrouve les langueurs des
longues heures passées sur un divan, dans la chambre d'un beau

20 _ navire, bercées par le roulis imperceptible du port, entre les pots de fleurs et les gargoulettes[1] rafraîchissantes.

Dans l'ardent foyer de ta chevelure, je respire l'odeur du tabac mêlé à l'opium et au sucre ; dans la nuit de ta chevelure, je vois resplendir l'infini de l'azur tropical ; sur les rivages duvetés de ta
25 _ chevelure je m'enivre des odeurs combinées du goudron, du musc et de l'huile de coco.

Laisse-moi mordre longtemps tes tresses lourdes et noires. Quand je mordille tes cheveux élastiques et rebelles, il me semble que je mange des souvenirs.

---

1. Récipient en terre cuite utilisé pour maintenir au frais de l'eau ou du vin.

PIERRE ALFERI (né en 1963)

Kub Or, POL, 1994

Préservatif

on aime s'aimer ganté
prématuré en couveuse
d'un film qui est en manière
d'alliance de la sève
d'un hévéa[1] si nu il _ 5
se fripe et débande mis
il luit dit touche et pas touche

préservatif

---

1. Grand arbre dont le suc laiteux permet la fabrication du caoutchouc.

JACQUES PRÉVERT (1900-1977)

Paroles, Gallimard, 1946

Alicante

Une orange sur la table
Ta robe sur le tapis
Et toi dans mon lit
Doux présent du présent
5 _ Fraîcheur de la nuit
Chaleur de ma vie.

MARC PAPILLON DE LASPHRISE (vers 1555- vers 1599)

L'Amour passionnée de Noémie, 1597

Ha Dieu ! Que j'ai de bien…

Ha Dieu ! que j'ai de bien alors que je baisotte
Ma jeune folion dedans un riche lit.
Ha Dieu ! que j'ai de bien en ce plaisant conflit,
Perdant mon plus beau sang par une douce flotte.

Ha Dieu ! que j'ai de bien lorsque je la mignotte,   _ 5
Lorsque je la chatouille, et lorsqu'elle me rit.
Ha Dieu ! que j'ai de bien quand j'entends qu'elle dit
D'une soufflante voix : « Mon mignon, je suis morte ! »

Et quand je n'en puis plus, ha Dieu ! que j'ai de bien
De faire la moquette en m'ébattant pour rien.   _ 10
Ha Dieu ! que j'ai de bien de pinçotter sa cuisse,

De lécher son beau sein, de mordre son tétault,
Ha Dieu ! que j'ai de bien en ce doux exercice,
Maniant l'honneur blond de son petit tonneau.

ROBERT DESNOS (1900-1945)

Fortunes, Gallimard, 1942

Coucher avec elle

[…]

Coucher avec elle
Pour le sommeil côte à côte
Pour les rêves parallèles
Pour la double respiration

5 _ Coucher avec elle
Pour l'ombre unique et surprenante
Pour la même chaleur
Pour la même solitude

Coucher avec elle
10 _ Pour l'aurore partagée
Pour le minuit identique
Pour les mêmes fantômes

Coucher coucher avec elle
15 _ Pour l'amour absolu
Pour le vice pour le vice
Pour les baisers de toute espèce

Coucher avec elle
Pour un naufrage ineffable
Pour se prostituer l'un à l'autre   _ 20
Pour se confondre

Coucher avec elle
Pour se prouver et prouver vraiment
Que jamais n'a pesé sur l'âme et le corps des amants
Le mensonge d'une tache originelle   _ 25

[...]

ÉVARISTE DE PARNY (1753-1814)

Élégies, 1784

Le lendemain

À Éléonore

Enfin, ma chère Éléonore,
    Tu l'as connu ce péché si charmant,
Que tu craignais, même en le désirant ;
En le goûtant, tu le craignais encore.
Eh bien ! dis-moi : qu'a-t-il donc d'effrayant ?
Que laisse-t-il après lui dans ton âme ?
Un léger trouble, un tendre souvenir,
L'étonnement de sa nouvelle flamme,
Un doux regret, et surtout un désir.
Déjà la rose aux lis de ton visage
    Mêle ses brillantes couleurs ;
Dans tes beaux yeux, à la pudeur sauvage
    Succèdent les molles langueurs,
    Qui de nos plaisirs enchanteurs
Sont à la fois la suite et le présage.
    Ton sein, doucement agité,
    Avec moins de timidité
    Repousse la gaze légère
    Qu'arrangea la main d'une mère,

Et que la main du tendre amour,   _ 20
Moins discrète et plus familière,
Saura déranger à son tour.
Une agréable rêverie
Remplace enfin cet enjoûment,
Cette piquante étourderie,   _ 25
Qui désespéraient ton amant ;
Et ton âme plus attendrie
S'abandonne nonchalamment
Au délicieux sentiment
D'une douce mélancolie.   _ 30
Ah ! laissons nos tristes censeurs[1]
Traiter de crime impardonnable
Le seul baume pour nos douleurs,
Ce plaisir pur, dont un dieu favorable
Mit le germe dans tous les cœurs.   _ 35
Ne crois pas à leur imposture.
Leur zèle hypocrite et jaloux
Fait un outrage à la nature :
Non, le crime n'est pas si doux.

---

1. Personnes qui critiquent avec sévérité la conduite d'autrui.

5

CLAMER SA PASSION

LES TOURMENTS DE LA PASSION

LOUISE LABÉ (1524-1566)
Œuvres, 1555

Je vis, je meurs...

Je vis, je meurs; je me brûle et me noie;
J'ai chaud extrême en endurant froidure;
La vie m'est et trop molle et trop dure;
J'ai grands ennuis entremêlés de joie.

Tout à un coup je ris et je larmoie,　　　　　　　　_ 5
Et en plaisir maint grief[1] tourment j'endure;
Mon bien s'en va, et à jamais il dure;
Tout en un coup je sèche et je verdoie.

Ainsi Amour inconstamment me mène;
Et quand je pense avoir plus de douleur,　　　　　_ 10
Sans y penser je me trouve hors de peine.

Puis quand je crois ma joie être certaine
Et être au haut de mon désiré heur[2],
Il me remet en mon premier malheur.

---

1. Grave, douloureux.
2. Bonheur.

MARC PAPILLON DE LASPHRISE (vers 1555- vers 1599)
L'Amour passionnée de Noémie, 1597

Je l'œilladais, mi-nue...

Je l'œilladais, mi-nue, échevelée,
Par un pertuis dérobé finement;
Mon cœur battait d'un tel débattement
Qu'on m'eût jugé comme en peur déréglée.
5 —   Or j'étais plein d'une ardeur enflammée,
Ore de glace en ce frissonnement;
Je fus ravi d'un doux contentement,
Tant que ma vie en fut toute pâmée.
    Là folâtrait le beau soleil joyeux,
10 — Avec un vent (zéphire gracieux)
Parmi l'or blond de sa tresse ondoyante,
    Qui haut volante ombrageait ses genoux.
Que de beautés! mais le destin jaloux
Ne me permit de voir ma chère attente.

MARQUISE D'ANTREMONT (1746-1802)

Stances irrégulières, 1797

Ô Mort ! anéantis mon être…

Ô Mort ! anéantis mon être,
Viens trancher le fil de mes jours ;
Ne diffère pas à paraître :
De mes maux termine le cours.

La mort, la mort n'est rien, non cet instant horrible,   _ 5
Qu'un cœur faible redoute, a pour moi des douceurs.
La mort finit nos maux, mais l'amour plus terrible,
Cause d'éternelles douleurs.

Depuis le jour affreux que je fus sa victime,
Ces lieux ne m'offrent plus que de tristes déserts.   _ 10
Je veux combattre en vain le malheur qui m'opprime,
Il n'est plus rien pour moi dans ce vaste univers.

Le voile de la nuit sans cesse m'environne…
Taisez-vous, séduisants désirs :
Hélas ! quand Tyrcis m'abandonne,   _ 15
Est-il encore des plaisirs ?

Non : je touche au moment où bientôt sans alarmes[1],
Mes yeux vont se fermer à la clarté du jour.
Tyrcis... quel souvenir vient m'arracher des larmes !
20 — Quoi ! mon dernier soupir serait-il pour l'amour !

Ah ! si Tyrcis d'une flamme si belle
Sentait renaître encor l'ardeur ;
S'il rentrait sous mes lois, si son cœur infidèle
Rouvrait à mon esprit la route du bonheur...

25 — Espoir trompeur... Non, non, je ne suis plus aimée,
L'ingrat a brisé ses liens.
Ô Mort ! finis mes jours : pour une infortunée
Mourir est le plus grand des biens.

---

1. États de trouble, d'agitation, de peur.

L'AIMÉE ADORÉE

LOUIS ARAGON (1897-1982)
Le Roman inachevé, Gallimard, 1956

Que serais-je sans toi…

[…]

Que serais-je sans toi qui vins à ma rencontre
Que cette heure arrêtée au cadran de la montre
Que serais-je sans toi qu'un cœur au bois dormant
Que serais-je sans toi que ce balbutiement

[…]

J'ai tout appris de toi sur les choses humaines   _5
Et j'ai vu désormais le monde à ta façon
J'ai tout appris de toi comme on boit aux fontaines
Comme on lit dans le ciel les étoiles lointaines
Comme au passant qui chante on reprend sa chanson
J'ai tout appris de toi jusqu'au sens du frisson   _10

J'ai tout appris de toi pour ce qui me concerne
Qu'il fait jour à midi qu'un ciel peut être bleu
Que le bonheur n'est pas un quinquet de taverne
Tu m'as pris par la main dans cet enfer moderne

_ 15   Où l'homme ne sait plus ce que c'est qu'être deux
        Tu m'as pris par la main comme un amant heureux

        [...]

        Le bonheur c'est un mot terriblement amer
        Quel monstre emprunte ici le masque d'une idée
        Sa coiffure de sphinx et ses bras de chimère
20 _   Debout dans les tombeaux des couples qui s'aimèrent
        Le bonheur comme l'or est un mot clabaudé
        Il roule sur la dalle avec un bruit de dés

        Qui parle du bonheur a souvent les yeux tristes
        N'est-ce pas un sanglot de la déconvenue
_ 25   Une corde brisée aux doigts du guitariste
        Et pourtant je vous dis que le bonheur existe
        Ailleurs que dans le rêve ailleurs que dans les nues
        Terre terre voici ses rades inconnues.

        [...]

PHILIPPE SOUPAULT (1897-1990)
Georgia, Éditions des Cahiers libres, 1926

Georgia

Je ne dors pas Georgia
je lance des flèches dans la nuit Georgia
j'attends Georgia
je pense Georgia
Le feu est comme la neige Georgia _ 5
La nuit est ma voisine Georgia
j'écoute les bruits tous sans exception Georgia
je vois la fumée qui monte et qui fuit Georgia
je marche à pas de loup dans l'ombre Georgia
je cours voici la rue les faubourgs Georgia _ 10
Voici une ville qui est la même
et que je connais pas Georgia
je me hâte voici le vent Georgia
et le froid silence et la peur Georgia
je fuis Georgia _ 15
je cours Georgia
les nuages sont bas ils vont tomber Georgia
j'étends les bras Georgia
je ne ferme pas les yeux Georgia
j'appelle Georgia _ 20
je crie Georgia

j'appelle Georgia
je t'appelle Georgia
Est-ce que tu viendras Georgia
25 — bientôt Georgia
Georgia Georgia Georgia
Georgia
je ne dors pas Georgia
je t'attends
30 — Georgia

6

LA PLAINTE AMOUREUSE

AMOUR IMPOSSIBLE

JULES LAFORGUE (1860-1887)
Les Complaintes, 1885

Complainte-litanies de mon sacré-cœur

Prométhée[1] et Vautour, châtiment et blasphème,
Mon Cœur, cancer sans cœur, se grignote lui-même.

Mon cœur est une urne où j'ai mis certains défunts,
Oh! chut, refrains de leurs berceaux! et vous, parfums…

Mon cœur est un lexique où cent littératures   _ 5
Se lardent sans répit de divines ratures.

Mon Cœur est un désert altéré, bien que soûl
De ce vin revomi, l'universel dégoût.

Mon Cœur est un Néron[2], enfant gâté d'Asie,
Qui d'empires de rêve en vain se rassasie.   _ 10

---

1. Le Titan Prométhée avait dérobé le feu aux dieux pour le donner aux hommes. Zeus le condamna à avoir chaque jour le foie dévoré par des oiseaux.
2. Empereur romain mort à trente ans en 68 de notre ère et célèbre pour ses caprices et ses excès.

Mon Cœur est un noyé vide d'âme et d'essors,
Qu'étreint la pieuvre Spleen[1] en ses ventouses d'or.

C'est un feu d'artifice hélas! qu'avant la fête,
A noyé sans retour l'averse qui s'embête.

15 — Mon Cœur est le terrestre Histoire-Corbillard,
Que traînent au néant l'instinct et le hasard.

Mon Cœur est une horloge oubliée à demeure,
Qui, me sachant défunt, s'obstine à sonner l'heure!

Mon aimée était là, toute à me consoler;
20 — Je l'ai trop fait souffrir, ça ne peut plus aller.

Mon Cœur, plongé au Styx[2] de nos arts danaïdes[3],
Présente à tout baiser une armure de vide.

Et toujours, mon Cœur, ayant ainsi déclamé,
En revient à sa complainte : Aimer, être aimé!

---

1. De l'anglais signifiant « rate » ; est employé par Baudelaire pour désigner un état dépressif et mélancolique.
2. Fleuve des Enfers dans la mythologie grecque.
3. Sœurs de la mythologie grecque condamnées aux Enfers à remplir d'eau un tonneau percé.

LOUIS ARAGON (1897-1982)
La Diane française, Seghers, 1945

Il n'y a pas d'amour heureux

Rien n'est jamais acquis à l'homme Ni sa force
Ni sa faiblesse ni son cœur Et quand il croit
Ouvrir ses bras son ombre est celle d'une croix
Et quand il croit serrer son bonheur il le broie
Sa vie est un étrange et douloureux divorce   _ 5
       Il n'y a pas d'amour heureux

Sa vie Elle ressemble à ces soldats sans armes
Qu'on avait habillés pour un autre destin
À quoi peut leur servir de se lever matin
Eux qu'on retrouve au soir désœuvrés incertains   _ 10
Dites ces mots Ma vie Et retenez vos larmes
       Il n'y a pas d'amour heureux

Mon bel amour mon cher amour ma déchirure
Je te porte dans moi comme un oiseau blessé
Et ceux-là sans savoir nous regardent passer   _ 15
Répétant après moi les mots que j'ai tressés
Et qui pour tes grands yeux tout aussitôt moururent
       Il n'y a pas d'amour heureux

Le temps d'apprendre à vivre il est déjà trop tard

20 — Que pleurent dans la nuit nos cœurs à l'unisson

Ce qu'il faut de malheur pour la moindre chanson

Ce qu'il faut de regrets pour payer un frisson

Ce qu'il faut de sanglots pour un air de guitare

Il n'y a pas d'amour heureux

25 — Il n'y a pas d'amour qui ne soit à douleur

Il n'y a pas d'amour dont on ne soit meurtri

Il n'y a pas d'amour dont on ne soit flétri

Et pas plus que de toi l'amour de la patrie

Il n'y a pas d'amour qui ne vive de pleurs

30 — *Il n'y a pas d'amour heureux*

Mais c'est notre amour à tous deux

CŒURS BRISÉS

ALFRED DE MUSSET (1810-1857)
Poésies nouvelles, 1850

À Mademoiselle ***

Oui, femmes, quoi qu'on puisse dire
Vous avez le fatal pouvoir
De nous jeter par un sourire
Dans l'ivresse ou le désespoir.

Oui, deux mots, le silence même,   _ 5
Un regard distrait ou moqueur,
Peuvent donner à qui vous aime
Un coup de poignard dans le cœur.

Oui, votre orgueil doit être immense,
Car, grâce à notre lâcheté,   _ 10
Rien n'égale votre puissance,
Sinon votre fragilité.

Mais toute puissance sur terre
Meurt quand l'abus en est trop grand,
Et qui sait souffrir et se taire   _ 15
S'éloigne de vous en pleurant.

Quel que soit le mal qu'il endure,
Son triste rôle est le plus beau.
J'aime encor mieux notre torture
Que votre métier de bourreau.

20_

PAUL VERLAINE (1844-1896)

Romances sans paroles, 1874

Ô triste, triste était mon âme…

Ô triste, triste était mon âme
À cause, à cause d'une femme.

Je ne me suis pas consolé
Bien que mon cœur s'en soit allé,

Bien que mon cœur, bien que mon âme   _ 5
Eussent fui loin de cette femme.

Je ne me suis pas consolé,
Bien que mon cœur s'en soit allé.

Et mon cœur, mon cœur trop sensible
Dit à mon âme : Est-il possible,   _ 10

Est-il possible, – le fût-il, –
Ce fier exil, ce triste exil ?

Mon âme dit à mon cœur : Sais-je
Moi-même que nous veut ce piège

15 _   D'être présents bien qu'exilés,
        Encore que loin en allés ?

CHRISTINE DE PISAN (1363-1430 environ)

Cent ballades, vers 1390

Seulette suis et seulette veux être...

Seulette suis et seulette veux être,
Seulette m'a mon doux ami laissée ;
Seulette suis, sans compagnon ni maître,
Seulette suis, dolente et courroucée[1],
Seulette suis, en langueur malaisée,   _ 5
Seulette suis, plus que nulle égarée[2],
Seulette suis, sans ami demeurée.

Seulette suis à huis[3] ou à fenêtre,
Seulette suis en un anglet muciée[4],
Seulette suis pour moi de pleurs repaître,   _ 10
Seulette suis, dolente ou apaisée ;
Seulette suis, rien n'est qui tant messiée[5] ;
Seulette suis en ma chambre enserrée,
Seulette suis, sans ami demeurée.

---

1. Souffrante et en colère.
2. Plus perdue qu'aucune autre.
3. Porte.
4. Cachée dans un petit coin.
5. Il n'y a rien qui me convienne moins, il n'y a rien de pire pour moi (du verbe « messeoir »).

15 — Seulette suis partout et en tout aître[1] ;
Seulette suis, que je marche ou je siée[2] ;
Seulette suis, plus qu'autre rien terrestre[3],
Seulette suis, de chacun délaissée,
Seulette suis, durement abaissée,
20 — Seulette suis, souvent tout éplorée,
Seulette suis, sans ami demeurée.

Envoi

Princes, or est ma douleur commencée :
Seulette suis, de tout deuil[4] menacée,
Seulette suis, plus teinte que morée[5] :
25 — Seulette suis, sans ami demeurée.

---

1. Lieu.
2. Que je marche ou que je reste assise.
3. Plus que toute chose sur terre.
4. Peine.
5. Le teint plus sombre que noir, le teint très sombre.

LÉON-GONTRAN DAMAS (1912-1978)
Névralgies, Présence africaine, 1966

Quand malgré moi…

Quand malgré moi
bien malgré moi je pense
qu'au bras d'un autre
tu dors
alors   _ 5
ma tête entre mes mains brûlantes
alors mon cœur mon cœur
mon cœur malade
alors seulement je réalise
l'horreur   _ 10
la pleine horreur
la laideur
toute la laideur
d'une vie étrange et mienne
murs bleus   _ 15
murs nus
murs blancs d'hôtel gris
murs nus d'hôtel gris
qu'emplit l'écœurement
d'un éreintant tic-tac   _ 20

mais
qu'importe
puisque
malgré bien malgré moi je pense qu'au bras d'un autre
25 _   tu dors comme

comme heureuse et calme
l'eau
dort

LA MORT DE L'ÊTRE CHER

ALPHONSE DE LAMARTINE (1790-1869)
Méditations poétiques, 1820

Le lac

Ainsi, toujours poussés vers de nouveaux rivages,
Dans la nuit éternelle emportés sans retour,
Ne pourrons-nous jamais sur l'océan des âges
       Jeter l'ancre un seul jour ?

Ô lac ! l'année à peine a fini sa carrière[1],   _ 5
Et près des flots chéris qu'elle devait revoir,
Regarde ! je viens seul m'asseoir sur cette pierre
       Où tu la vis s'asseoir !

Tu mugissais ainsi sous ces roches profondes,
Ainsi tu te brisais sur leurs flancs déchirés,   _ 10
Ainsi le vent jetait l'écume de tes ondes
       Sur ses pieds adorés.

Un soir, t'en souvient-il ? nous voguions en silence ;
On n'entendait au loin, sur l'onde et sous les cieux,

---

1. Sa course.

15 — Que le bruit des rameurs qui frappaient en cadence
        Tes flots harmonieux.

Tout à coup des accents inconnus à la terre
Du rivage charmé frappèrent les échos :
Le flot fut attentif, et la voix qui m'est chère
20 —   Laissa tomber ces mots :

« Ô temps ! suspends ton vol, et vous, heures propices !
Suspendez votre cours :
Laissez-nous savourer les rapides délices
        Des plus beaux de nos jours !

25 — « Assez de malheureux ici-bas vous implorent,
Coulez, coulez pour eux ;
Prenez avec leurs jours les soins qui les dévorent,
        Oubliez les heureux.

« Mais je demande en vain quelques moments encore,
30 — Le temps m'échappe et fuit ;
Je dis à cette nuit : Sois plus lente ; et l'aurore
        Va dissiper la nuit.

« Aimons donc, aimons donc ! de l'heure fugitive,
Hâtons-nous, jouissons !
35 — L'homme n'a point de port, le temps n'a point de rive ;
        Il coule, et nous passons ! »

Temps jaloux, se peut-il que ces moments d'ivresse,
Où l'amour à longs flots nous verse le bonheur,

S'envolent loin de nous de la même vitesse
        Que les jours de malheur ?   _ 40

Eh quoi ! n'en pourrons-nous fixer au moins la trace ?
Quoi ! passés pour jamais ! quoi ! tout entiers perdus !
Ce temps qui les donna, ce temps qui les efface,
        Ne nous les rendra plus !

Éternité, néant, passé, sombres abîmes,   _ 45
Que faites-vous des jours que vous engloutissez ?
Parlez : nous rendrez-vous ces extases sublimes
        Que vous nous ravissez ?

Ô lac ! rochers muets ! grottes ! forêt obscure !
Vous, que le temps épargne ou qu'il peut rajeunir,   _ 50
Gardez de cette nuit, gardez, belle nature,
        Au moins le souvenir !

Qu'il soit dans ton repos, qu'il soit dans tes orages,
Beau lac, et dans l'aspect de tes riants coteaux,
Et dans ces noirs sapins, et dans ces rocs sauvages   _ 55
        Qui pendent sur tes eaux.

Qu'il soit dans le zéphyr qui frémit et qui passe,
Dans les bruits de tes bords par tes bords répétés,
Dans l'astre au front d'argent qui blanchit ta surface
        De ses molles clartés.   _ 60

Que le vent qui gémit, le roseau qui soupire,
Que les parfums légers de ton air embaumé,
Que tout ce qu'on entend, l'on voit ou l'on respire,
Tout dise : Ils ont aimé !

·

TRISTAN L'HERMITE (1601-1655)
Les Plaintes d'Acante, 1633

Sur un tombeau

Celle dont la dépouille en ce marbre est enclose
Fut le digne sujet de mes saintes amours.
Las! depuis qu'elle y dort, jamais je ne repose
Et s'il faut en veillant que j'y songe toujours.

Ce fut une si rare et si parfaite chose   _ 5
Qu'on ne peut la dépeindre avec l'humain discours;
Elle passa pourtant de même qu'une rose
Et sa beauté plus vive eut des termes plus courts.

La Mort qui par mes pleurs ne fut point divertie[1]
Enleva de mes bras cette chère partie   _ 10
D'un agréable tout qu'avait fait l'amitié.

Mais, ô divin esprit qui gouvernais mon âme,
La Parque n'a coupé notre fil qu'à moitié,
Car je meurs en ta cendre et tu vis dans ma flamme.

---

1. Détournée de son but.

CLAUDE ESTEBAN (1935-2006)

Le Jour à peine écrit (1967-1992), Gallimard, 2006

Élégie de la mort violente *(extrait)*

Qu'on se rassemble, qu'on
éclaire au-dehors,
qu'on inscrive sur des papiers de couleur
tous les détails
5   afin que chacun sache,
sur les plages, dans les impasses, les
hôpitaux,
que quelqu'un d'unique vient de mourir
et que maintenant
10   tout s'arrête.

Mais non. Le monde
est neuf. Il bouge, il s'épanouit
au loin
avec ses mouvements de ciels, ses cris, ses
15   passions folles. Il a faim
de poursuivre encore et qu'on l'écoute,
et qu'on l'aime toujours,
puisqu'il contient le temps, et que
ceux qui l'oublient, ceux
20   qui tombent,

ne comptent plus, même s'ils étaient
forts, même
s'ils travaillaient, forts et fragiles à la fois,
pour qu'un autre matin
commence.   _ 25

[...]

7

TAIRE L'AMOUR ?

MARCELINE DESBORDES-VALMORE (1786-1859)
Poésies inédites, 1860

Les séparés

N'écris pas. Je suis triste, et je voudrais m'éteindre.
Les beaux étés sans toi, c'est la nuit sans flambeau.
J'ai refermé mes bras qui ne peuvent t'atteindre,
Et frapper à mon cœur, c'est frapper au tombeau.
        N'écris pas !   _ 5

N'écris pas. N'apprenons qu'à mourir à nous-mêmes.
Ne demande qu'à Dieu... qu'à toi, si je t'aimais !
Au fond de ton absence écouter que tu m'aimes,
C'est entendre le ciel sans y monter jamais.
        N'écris pas !   _ 10

N'écris pas. Je te crains ; j'ai peur de ma mémoire ;
Elle a gardé ta voix qui m'appelle souvent.
Ne montre pas l'eau vive à qui ne peut la boire.
Une chère écriture est un portrait vivant.
        N'écris pas !   _ 15

N'écris pas ces doux mots que je n'ose plus lire :
Il semble que ta voix les répand sur mon cœur ;
Que je les vois brûler à travers ton sourire ;
Il semble qu'un baiser les empreint sur mon cœur.
        N'écris pas !

20 —

GABRIEL-CHARLES DE LATTAIGNANT (vers 1697-1779)

Poésies, 1757-1779

Les époux indiscrets

Bec à bec, comme deux pigeons,
   Vous verrai-je sans cesse,
Tour à tour en mille façons,
   Faire assaut de tendresse?
Pour ces plaisirs il est un temps :   _ 5
   Croyez-moi, couple aimable,
Témoin de vos jeux innocents,
   On deviendrait coupable.

N'irritez point un sentiment
   Qu'on a peine à contraindre :   _ 10
Si l'ami devenait amant,
   Vous pourriez vous en plaindre.
Malgré le plaisir de la voir,
   Quand on peut s'en défendre,
Pourquoi faut-il encor savoir   _ 15
   Que son cœur est si tendre?

L'amour ne veut point de témoins ;
   Qui l'éclaire, l'offense ;

Et l'hymen[1] ne cherche pas moins
      Et l'ombre et le silence.
20 _ Crois-tu ranimer ton ardeur
      D'un peu de jalousie?
Ajoute-t-on à ton bonheur,
      Quand on y porte envie?

25 _ Si tu comptes sur ma vertu,
      C'est me rendre justice;
Mais quand je serais revêtu
      Du bouclier d'Ulysse,
C'est insulter aux malheureux
30 _   Et tenter leur faiblesse,
Qu'étaler ainsi devant eux
      Vainement sa richesse.

1. L'union, le mariage.

8

DIRE L'AMOUR ET MÉDIRE

DEUX MÉQUES À MÉDEK

LE TEMPS OU LA REVANCHE DE L'ÉCONDUIT

PIERRE DE RONSARD (1524-1585)

Sonnets pour Hélène, 1578

Quand vous serez bien vieille…

Quand vous serez bien vieille, au soir, à la chandelle,
Assise auprès du feu, dévidant et filant,
Direz chantant mes vers, en vous émerveillant :
«Ronsard me célébrait du temps que j'étais belle.»

Lors vous n'aurez servante oyant[1] telle nouvelle,   _ 5
Déjà sous le labeur à demi sommeillant,
Qui au bruit de mon nom ne s'aille réveillant,
Bénissant votre nom de louange immortelle.

Je serai sous la terre, et fantôme sans os
Par les ombres myrteux[2] je prendrai mon repos ;   _ 10
Vous serez au foyer une vieille accroupie,

Regrettant mon amour et votre fier dédain.
Vivez, si m'en croyez, n'attendez à demain :
Cueillez dès aujourd'hui les roses de la vie.

---

1. Entendant (du verbe « ouïr »).
2. Parmi les ombres des morts, couronnées de feuilles de myrte.

THÉOPHILE DE VIAU (1590-1626)

Œuvres, 1621-1626

Ton orgueil peut durer...

Ton orgueil peut durer au plus deux ou trois ans :
Après cette beauté ne sera plus si vive,
Tu verras que ta flamme alors sera tardive,
Et que tu deviendras l'objet des médisants.

5 _ Tu seras le refus de tous les courtisans,
Les plus sots laisseront ta passion oisive,
Et les désirs honteux d'une amitié lascive
Tenteront un valet à force de présents.

Tu chercheras à qui te donner pour maîtresse,
10 _ On craindra ton abord, on fuira ta caresse,
Un chacun de partout te donnera congé.

Tu reviendras à moi, je n'en ferai nul compte,
Tu pleureras d'amour, je rirai de ta honte :
Lors tu seras punie, et je serai vengé.

RAYMOND QUENEAU (1903-1976)
L'Instant fatal, Gallimard, 1948

Si tu t'imagines…

Si tu t'imagines
si tu t'imagines
fillette fillette
si tu t'imagines
xa va xa va xa   _ 5
va durer toujours
la saison des za
la saison des za
saison des amours
ce que tu te goures   _ 10
fillette fillette
ce que tu te goures

Si tu crois petite
si tu crois ah ah
que ton teint de rose   _ 15
ta taille de guêpe
tes mignons biceps
tes ongles d'émail
ta cuisse de nymphe
et ton pied léger   _ 20
si tu crois petite

xa va xa va xa
va durer toujours
ce que tu te goures
25 — fillette fillette
ce que tu te goures

les beaux jours s'en vont
les beaux jours de fête
soleils et planètes
30 — tournent tous en rond
mais toi ma petite
tu marches tout droit
vers sque tu vois pas
très sournois s'approchent
35 — la ride véloce[1]
la pesante graisse
le menton triplé
le muscle avachi
allons cueille cueille
40 — les roses les roses
roses de la vie
et que leurs pétales
soient la mer étale
de tous les bonheurs
45 — allons cueille cueille
si tu le fais pas
ce que tu te goures
fillette fillette
ce que tu te goures

---

1. Rapide, qui arrive rapidement.

DÉFIGURER : LA POÉSIE COMME MIROIR DÉFORMANT DE LA CRUELLE

ÉTIENNE JODELLE (1532-1573)

Poème manuscrit de date incertaine
(publication posthume au XIXe siècle)

Comment pourrais-je aimer…

Comment pourrais-je aimer un sourcil hérissé,
Un poil roux, un œil rouge, un teint de couperose,
Un grand nez, plus grand'bouche, incessamment déclose,
Pour gêner mon esprit de ces lèvres sucé ?

Une gorge tannée, un col si mal dressé,   _ 5
Un estomac étique, un tétin dont je n'ose
Enlaidir mon sonnet, et, qui est pire chose,
Une bouquine aisselle, un corps mal compassé,

Un dos qui ressemblait d'une Mort le derrière,
Le ventre besacier, la cuisse héronnière,   _ 10
Et même quant au reste… Ah, fi ! sonnet, tais-toi !

C'est trop pour démontrer à tous quelle déesse,
Tant le Ciel, se moquant de l'amour et de moi,
Dévorait les beaux ans de ma verte jeunesse.

CLÉMENT MAROT (1496-1544)
Épigrammes, I, 1538

Le beau tétin

Tétin refait, plus blanc qu'un œuf,
Tétin de satin blanc tout neuf,
Tétin qui fait honte à la rose,
Tétin plus beau que nulle chose ;
5 — Tétin dur, non pas Tétin, voire,
Mais petite boule d'ivoire,
Au milieu duquel est assise
Une fraise, ou une cerise,
Que nul ne voit, ne touche aussi,
10 — Mais je gage qu'il est ainsi.
Tétin donc au petit bout rouge
Tétin qui jamais ne se bouge,
Soit pour venir, soit pour aller,
Soit pour courir, soit pour baller.
15 — Tétin gauche, tétin mignon,
Toujours loin de son compagnon,
Tétin qui porte témoignage
Au demeurant du personnage.
Quand on te voit, il vient à maints
20 — Une envie dedans les mains
De te tâter, de te tenir ;

Mais il se faut bien contenir
D'en approcher, bon gré ma vie,
Car il viendrait une autre envie.
Ô tétin, ni grand ni petit,   _ 25
Tétin mûr, Tétin d'appétit,
Tétin qui nuit et jour criez :
« Mariez-moi tôt, mariez ! »
Tétin qui t'enfles, et repousses
Ton gorgias[1] de deux bons pouces,   _ 30
À bon droit heureux on dira
Celui qui de lait t'emplira,
Faisant d'un tétin de pucelle,
Tétin de femme entière et belle.

Le laid tétin

Tétin qui n'as rien que la peau,
Tétin flac[2], tétin de drapeau,
Grand'tétine, longue tétasse,
Tétin, dois-je dire : besace ?
Tétin au vilain grand bout noir   _ 5
Comme celui d'un entonnoir,
Tétin qui brimballe à tous coups,

---

1. Poitrine.
2. Flasque.

Sans être ébranlé ne secous.
Bien se peut vanter qui te tâte
10 — D'avoir mis la main à la pâte.
Tétin grillé, tétin pendant,
Tétin flétri, tétin rendant
Vilaine bourbe en lieu de lait[1],
Le Diable te fit bien si laid !
15 — Tétin pour tripe réputé,
Tétin, ce cuidé-je, emprunté[2]
Ou dérobé en quelque sorte
De quelque vieille chèvre morte.
Tétin propre pour en Enfer
20 — Nourrir l'enfant de Lucifer ;
Tétin, boyau long d'une gaule,
Tétasse à jeter sur l'épaule
Pour faire – tout bien compassé[3] –
Un chaperon[4] du temps passé,
25 — Quand on te voit, il vient à maints
Une envie dedans les mains
De te prendre avec des gants doubles,
Pour en donner cinq ou six couples
De soufflets sur le nez de celle
30 — Qui te cache sous son aisselle.
Va, grand vilain tétin puant,
Tu fournirais bien en suant
De civettes et de parfums

---

1. Tétin rendant une vilaine boue au lieu du lait.
2. Je le pense emprunté.
3. Tout bien mesuré.
4. Coiffure à bourrelets terminée par une queue que portaient hommes et femmes au Moyen Âge.

Pour faire cent mille défunts.
Tétin de laideur dépiteuse,   _ 35
Tétin dont Nature est honteuse,
Tétin, des vilains le plus brave,
Tétin dont le bout toujours bave,
Tétin fait de poix et de glu,
Bren, ma plume, n'en parlez plus !   _ 40
Laissez-le là, ventre saint George,
Vous me feriez rendre ma gorge.

SE SOUVENIR DE L'AMOUR

❧❀❦

ALFRED DE MUSSET (1810-1857)
Poésies nouvelles, 1850

Rappelle-toi

Rappelle-toi, quand l'Aurore craintive
Ouvre au Soleil son palais enchanté;
Rappelle-toi, lorsque la nuit pensive
Passe en rêvant sous son voile argenté;
5 — À l'appel du plaisir lorsque ton sein palpite,
Aux doux songes du soir lorsque l'ombre t'invite,
Écoute au fond des bois
Murmurer une voix :
Rappelle-toi.

10 — Rappelle-toi, lorsque les destinées
M'auront de toi pour jamais séparé,
Quand le chagrin, l'exil et les années
Auront flétri ce cœur désespéré;
Songe à mon triste amour, songe à l'adieu suprême!
15 — L'absence ni le temps ne sont rien quand on aime.
Tant que mon cœur battra,
Toujours il te dira
Rappelle-toi.

Rappelle-toi, quand sous la froide terre
Mon cœur brisé pour toujours dormira ;   _ 20
Rappelle-toi, quand la fleur solitaire
Sur mon tombeau doucement s'ouvrira.
Je ne te verrai plus ; mais mon âme immortelle
Reviendra près de toi comme une sœur fidèle.
        Écoute, dans la nuit,   _ 25
        Une voix qui gémit :
              Rappelle-toi.

GUILLAUME APOLLINAIRE (1880-1918)
Alcools, 1913

Le pont Mirabeau

Sous le pont Mirabeau coule la Seine
Et nos amours
Faut-il qu'il m'en souvienne
La joie venait toujours après la peine

5 _
Vienne la nuit sonne l'heure
Les jours s'en vont je demeure

Les mains dans les mains restons face à face
Tandis que sous
Le pont de nos bras passe
10 _ Des éternels regards l'onde si lasse

Vienne la nuit sonne l'heure
Les jours s'en vont je demeure

L'amour s'en va comme cette eau courante
L'amour s'en va
15 _ Comme la vie est lente
Et comme l'Espérance est violente

Vienne la nuit sonne l'heure
Les jours s'en vont je demeure

Passent les jours et passent les semaines
Ni temps passé
Ni les amours reviennent
Sous le pont Mirabeau coule la Seine

_ 20

Vienne la nuit sonne l'heure
Les jours s'en vont je demeure

PHILIPPE DESPORTES (1546-1606)
Premières œuvres, «Diverses amours», 1573

Est-il vrai qu'autrefois…

Est-il vrai qu'autrefois j'aie tant enduré
Pour des yeux que je vois sans plaisir et sans peine?
Où sont tant d'hameçons dont elle était si pleine?
Qu'est devenu ce poil crêpement[1] blond doré?

5   Je regarde ébahi son teint décoloré
Dont l'éclat autrefois la rendait si hautaine,
Et me moque à part moi de ma poursuite vaine,
Remerciant le temps qui m'en a retiré.

Ce que de mes amis le conseil salutaire,
10   L'absence, et les dédains, en moi n'avaient su faire,
Le cours du temps l'a fait, de mon amour vainqueur :

Et, guérissant mon âme, enfin m'a rendu sage.
Car lorsqu'il vous ôta les roses du visage,
Lors même il m'arracha les épines du cœur.

---

1. Cette chevelure frisée.

PAUL VERLAINE (1844-1896)

Romances sans paroles, 1874

Streets, I

Dansons la gigue !

J'aimais surtout ses jolis yeux,
Plus clairs que l'étoile des cieux,
J'aimais ses yeux malicieux.

    Dansons la gigue !   _ 5

Elle avait des façons vraiment
De désoler un pauvre amant,
Que c'en était vraiment charmant !

    Dansons la gigue !   _ 10

Mais je trouve encore meilleur
Le baiser de sa bouche en fleur
Depuis qu'elle est morte à mon cœur.

    Dansons la gigue !

Je me souviens, je me souviens
Des heures et des entretiens,
Et c'est le meilleur de mes biens.

Dansons la gigue !

MARCELINE DESBORDES-VALMORE (1786-1859)

Mélanges, 1830

L'amour

Vous demandez si l'amour rend heureuse ;
Il le promet, croyez-le, fût-ce un jour.
Ah ! pour un jour d'existence amoureuse,
Qui ne mourrait ? la vie est dans l'amour.

Quand je vivais tendre et craintive amante,   _ 5
Avec ses feux je peignais ses douleurs :
Sur son portrait j'ai versé tant de pleurs,
Que cette image en paraît moins charmante.

Si le sourire, l'éclair inattendu,
Brille parfois au milieu de mes larmes,   _ 10
C'était l'amour ; c'était lui, mais sans armes ;
C'était le ciel… qu'avec lui j'ai perdu.

Sans lui, le cœur est un foyer sans flamme ;
Il brûle tout ce doux empoisonneur.
J'ai dit bien vrai comme il déchire une âme :   _ 15
Demandez donc s'il donne le bonheur !

Vous le saurez : oui, quoi qu'il en puisse être,
De gré, de force, amour sera le maître ;
Et, dans sa fièvre alors lente à guérir,
Vous souffrirez, ou vous ferez souffrir.

Dès qu'on l'a vu, son absence est affreuse ;
Dès qu'il revient, on tremble nuit et jour ;
Souvent enfin la mort est dans l'amour ;
Et cependant… oui, l'amour rend heureuse !

20 _

TABLE DES POÈMES

1. EXPLIQUER L'AMOUR

2. RÊVER À L'AMOUR

3. DÉCLARER SA FLAMME

4. DIRE L'ÉTREINTE

5. CLAMER SA PASSION

LES TOURMENTS DE LA PASSION

L'AIMÉE ADORÉE

6. LA PLAINTE AMOUREUSE

AMOUR IMPOSSIBLE

CŒURS BRISÉS

LA MORT DE L'ÊTRE CHER

J'ANALYSE

PAGE
136

LE
DOSSIER

PROLONGE-
MENTS

PAGE
178

Situation de l'écriture poétique

LES FORMES POÉTIQUES POUR DIRE L'AMOUR

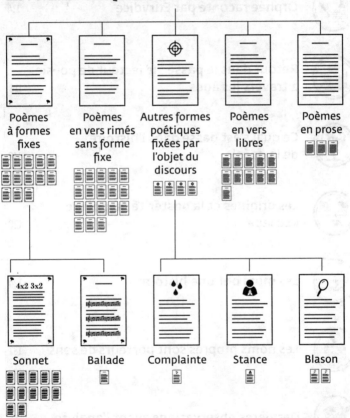

Poèmes à formes fixes

Poèmes en vers rimés sans forme fixe

Autres formes poétiques fixées par l'objet du discours

Poèmes en vers libres

Poèmes en prose

4x2 3x2

Sonnet

Ballade

Complainte

Stance

Blason

IDENTITÉ DU DESTINATAIRE : À QUI PARLER D'AMOUR ?

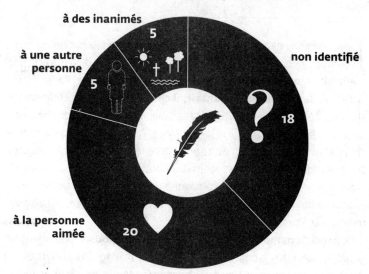

à des inanimés — 5
à une autre personne — 5
non identifié — 18
à la personne aimée — 20

QUI ÉCRIT ? POÈTE OU POÉTESSE ?

Orphée raconté par Eurydice

J'avais entendu parler d'**Orphée** et je connaissais sa réputation. Sa mère, la muse Calliope, lui avait appris la musique. Apollon, dieu musicien, lui ayant fait présent de certains de ses dons, lui offrit une lyre. Par la beauté des airs et des **textes qu'il chantait, il charmait** toute âme, humaine ou animale, il émouvait les plantes et faisait pleurer les pierres. Comme toutes les jeunes filles de Thrace, je rêvais de plaire à celui qui séduisait le monde entier. Mais il quitta bientôt notre pays pour s'embarquer avec les Argonautes. De sa musique, il rythmait les coups de rame des hommes et, surpassant le chant des sirènes, il sauva ses compagnons de ces créatures fatales. Après avoir accompli maints exploits, il revint enfin de son expédition, en héros victorieux prêt à se marier.

C'est moi, **la nymphe Eurydice, qu'il choisit d'épouser**, pour mon plus grand bonheur. Nous organisâmes un superbe mariage, mais alors que je jouais avec mes amies, les Naïades, un berger me pourchassa. En m'enfuyant, je marchai sur un serpent qui me mordit. Je m'effondrai et sentis petit à petit la vie me quitter. Bientôt, je ne devins plus qu'une ombre. Je descendis dans **le royaume des morts, gardé par Hadès et sa femme Perséphone**. La souffrance d'Orphée fut si grande que ses cris faisaient trembler les Enfers. Son chant n'était plus qu'une plainte déchirante.

Orphée décida alors de me ramener de là où on ne revient pas. Les Enfers étaient bien gardés, mais, grâce à sa lyre et à sa voix, il séduisit d'abord le passeur Charon, puis Cerbère, le redoutable chien à trois têtes, qu'il endormit avec sa musique. Enfin, après un long chemin dans les ténèbres, il chanta son amour pour moi et son désespoir au roi et à la reine des morts. Le cœur le plus dur eût été attendri par son témoignage. Alors **Hadès lui permit de remonter avec moi** vers le royaume des vivants, mais **cela à une condition : qu'il**

ne se retourne pas en chemin. Orphée, au comble de la joie, accepta. Les spectres s'écartèrent pour me laisser avancer derrière lui. En silence, pleine d'espoir, je le suivis sur les longs chemins humides et sinueux des Enfers. Alors que nous commencions à apercevoir la lumière, je sentis que d'ombre je devenais à nouveau corps. J'allais bientôt pouvoir toucher celui que je croyais avoir quitté pour toujours. Mais, soit que je trébuchai, soit qu'il douta du serment d'Hadès et de ma présence, **Orphée se retourna soudain**. Nos regards se croisèrent. Je vis dans le sien le bonheur puis l'effroi alors que, redevenant fantôme, je fus aspirée soudain dans le royaume des morts, morte pour la seconde fois. Mon cri s'éteignit tandis que j'entendis très loin retentir le sien.

Une nouvelle fois, il supplia de venir me chercher, mais cette fois les Enfers restèrent fermés. Il pleura, il cria, mais en vain. Accablé de désespoir, il se retira au sommet du mont Rhodope où **il chanta sa douleur des années durant**. Du fond des Enfers, je le vis me rester fidèle, alors que les jeunes femmes du pays tentaient sans succès de le consoler. Il chantait inlassablement ma perte. Les Bacchantes, ces adoratrices du dieu Bacchus, furent tellement vexées de son dédain qu'elles le décapitèrent. Les Muses, en pleurs, enterrèrent dignement Orphée au pied du mont Olympe. **On le fêta comme un dieu et comme le plus grand des poètes qui eût existé**. Alors, ombre lui aussi, il me retrouva enfin, moi qui l'avais tant attendu.

Orphée, **le jeune homme à la lyre**, devint alors le **symbole de tous les poètes** à travers les âges, et nombreux sont ceux qui, inspirés par son histoire, chantèrent la perte d'une Eurydice.

Le vrai/faux

- *Orphée chantait ses poèmes.*
- *Hadès refusa la demande d'Orphée de ramener Eurydice.*
- *Les poèmes d'Orphée exercent un pouvoir enchanteur.*

Retour dans le passé : le lecteur de poésie à travers les âges

La poésie a-t-elle toujours été lue ? Nous avons suivi l'histoire d'Orphée qui chantait ses poèmes en s'accompagnant de sa lyre. En effet, dans l'Antiquité, la poésie était tout **d'abord un chant, d'origine divine** car inspiré par les Muses. Ce chant était interprété par des poètes nommés **aèdes**. Ces derniers racontaient les épisodes de la mythologie et les origines des peuples. **Le public écoutait les poèmes** transmis de génération en génération et dont le rythme aidait à la mémorisation. Cependant, ces histoires chantées seraient aujourd'hui perdues si elles n'avaient pas été écrites. Un grand nombre d'entre elles furent ainsi consignées dans des ***volumens***, des rouleaux-livres en papyrus. C'est ainsi que nous pouvons encore les lire, bien que nous en ayons perdu la dimension chantée. Dans l'Antiquité, la fabrication de papyrus était très coûteuse. C'est la raison pour laquelle auteurs et lecteurs faisaient partie des classes les plus aisées.

Au Moyen Âge, poésie écrite et poésie chantée continuent de coexister mais se distinguent. **Les troubadours** chantent des poèmes lyriques en s'accompagnant d'un instrument, ils divertissent souvent les cours. **Les jongleurs**, eux, racontent des histoires rédigées en vers, sans les chanter, à la manière des conteurs. Ils peuvent aussi bien être entendus dans les rues qu'à la Cour. Enfin, **les clercs** sont des érudits qui savent écrire, ils composent leurs poèmes, destinés à la lecture, selon des formes précises, mais ces textes ne sont pas accessibles à la majorité, qui ne sait pas lire. **Le peuple, écoutant les histoires des troubadours et des jongleurs, est auditeur de poésie. Les seigneurs seuls goûtent le double plaisir de l'audition et de la lecture.** La poésie devient même un jeu entre seigneurs qui organisent des concours de poésie entre eux.

À partir du XVIIe siècle, la poésie s'affirme comme genre littéraire et écriture codifiée. Elle ne se confond plus avec la chanson. On entend toujours des textes en vers au théâtre, par exemple *Le Cid* de Pierre Corneille. Même si la poésie ne se limite pas au vers, qui donne un certain rythme et facilite la mémorisation des textes, on apprend par cœur les fables de La Fontaine.

La lecture des poèmes est-elle encore maintenant réservée à une élite ? Avec la loi de Jules Ferry rendant l'école obligatoire, en 1882, **la lecture se démocratise**, tout le monde a accès aux textes poétiques. Cependant, les poèmes sont vus à travers le prisme d'un recueil. S'ils sont parfois récités, ils ne sont plus racontés. **La poésie n'est plus chanson**, elle est **davantage lue qu'elle n'est entendue** et sa lecture est une activité solitaire et non plus un divertissement de groupe.

Que reste-t-il alors aujourd'hui de la poésie telle qu'elle était dans l'Antiquité ? En a-t-on perdu la dimension chantée ? Même si dans quelques groupes amateurs de littérature on lit, on récite les poèmes pour se divertir, la poésie s'est affirmée à travers l'écrit. Certains chanteurs redonnent pourtant son rôle musical à la forme du poème par **la mise en musique,** tel Léo Ferré avec les poèmes de Louis Aragon. De plus, la poésie se retrouve dans les **paroles des chansons**. Certains genres musicaux, comme le slam ou le rap, donnent tout son poids à la musicalité des mots, **les textes sont parfois plus scandés que chantés**, ce qui fait écho aux origines de la poésie. Amusez-vous à repérer les allusions à la poésie dans les textes de rap ; une passerelle reste tendue entre ces formes écrites et chantées qui cohabitent aujourd'hui.

Le vrai/faux

- *La poésie est apparue avec la lecture.*
- *La poésie était chantée.*
- *Seuls les plus favorisés ont longtemps eu accès à la lecture des poèmes.*

Ce qu'il s'est passé dans l'histoire de la poésie

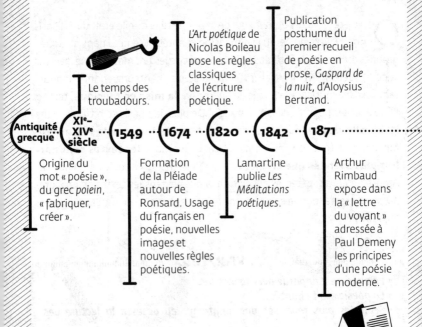

Le temps des troubadours.

L'Art poétique de Nicolas Boileau pose les règles classiques de l'écriture poétique.

Publication posthume du premier recueil de poésie en prose, *Gaspard de la nuit*, d'Aloysius Bertrand.

Antiquité grecque ··· **XIe–XIVe siècle** ··· **1549** ··· **1674** ··· **1820** ··· **1842** ··· **1871** ···

Origine du mot « poésie », du grec *poiein*, « fabriquer, créer ».

Formation de la Pléiade autour de Ronsard. Usage du français en poésie, nouvelles images et nouvelles règles poétiques.

Lamartine publie *Les Méditations poétiques*.

Arthur Rimbaud expose dans la « lettre du voyant » adressée à Paul Demeny les principes d'une poésie moderne.

118

«Il pleut…»

Parution de *Calligrammes*, d'Apollinaire.

Francis Ponge, *Le Parti pris des choses*, recueil qui s'oppose au lyrisme en parlant des choses concrètes du quotidien.

Tout le monde se ressemble, Une anthologie de la poésie contemporaine. Les poètes réunis se défont des formules toutes faites pour explorer toutes les potentialités de la syntaxe. L'espace de la page est investi comme lieu de création.

1918 ···· **1924** ····· **1942** ····· **1947** ···· **1995** ····· **années 2000** ·········➤

André Breton publie le *Manifeste du surréalisme*.

Cahier d'un retour au pays natal d'Aimé Césaire, long poème en vers libres, amorçant la notion de négritude.

Poètes-performeurs : ils récitent leurs textes ou les mettent en scène.

Les origines et la postérité du poème « Le lac »

La source du « Lac » de Lamartine

À la fin de la section « La plainte amoureuse », vous pouvez lire le poème d'Alphonse de Lamartine nommé « Le lac » (p. 71). **Quelle est l'histoire de ce poème ?** Comment a-t-il été inspiré à son auteur ?

En **1816**, Alphonse de Lamartine rencontre **Julie Charles**, une jeune femme mariée, et la sauve de la noyade, alors qu'ils naviguent sur le lac du Bourget. Une complicité, puis **une passion amoureuse** naît entre eux. Ils se revoient en cachette et s'échangent des lettres passionnées. Julie Charles aurait fait cadeau à Lamartine d'un petit cahier en l'invitant à y écrire toutes ses pensées.

Après plusieurs entrevues, ils se donnent rendez-vous **un an plus tard, en 1817**, près du lac du Bourget où ils se sont rencontrés. Julie est malade, elle souffre de la **tuberculose** et ne peut se rendre au rendez-vous. Lamartine l'attend donc en vain. Pendant ce temps, il aurait écrit dans le petit cahier offert par Julie l'ébauche de ce qui deviendrait le poème « Le lac ». En effet, au début du poème, lorsque le poète dit au lac : « Je viens seul m'asseoir sur cette pierre / Où tu la vis s'asseoir », on peut penser que la femme qu'il aime est tout simplement absente, qu'elle n'a pas pu venir.

Cependant, la maladie de Julie s'aggrave. Alphonse de Lamartine se rend à son chevet et achève en son honneur le poème qu'il avait commencé à écrire. Il l'appelle d'abord **« Ode au lac de B. »**, faisant référence au **lac du Bourget**, lieu de la rencontre, avant de le renommer tout simplement « Le lac ». Dans son poème, Lamartine cite les paroles de Julie lorsqu'elle naviguait, heureuse avec lui : « la voix qui m'est chère / Laissa tomber ces mots ». Ainsi, malgré la **mort** de la jeune femme le **18 décembre 1817**, **Lamartine fait entendre sa voix aux lecteurs à travers le temps**. Il publie ce poème dans son recueil

Méditations poétiques, **en 1820**. Le lac auquel le poète s'adresse dans le texte, la nature tout entière, le poème, ainsi que le lecteur sont ainsi des **gardiens du souvenir amoureux**.

Ce poème est très **représentatif du romantisme**, mouvement s'étendant du début à la moitié du xixᵉ siècle et caractérisé par l'**expression des sentiments**, par la méditation du poète face à la **nature**. C'est aussi le poème de la **plainte amoureuse** par excellence. Le rythme même du poème contribue à la musicalité de la plainte qui s'ancre dans la mémoire du lecteur. Il a donc été maintes fois étudié, repris et parodié.

Des flots plus dangereux qu'harmonieux dans les Aventures de Tintin

Ainsi, dans *Le Trésor de Rackham le Rouge*, douzième album des *Aventures de Tintin*, on peut voir le capitaine Haddock réciter tranquillement une strophe du « Lac ». Cette strophe, très musicale, montre la sérénité de l'instant où le poète voguait avec celle qu'il aimait. Or, ici, c'est un instant beaucoup moins serein que s'apprête à vivre le capitaine, puisqu'un aileron de requin se profile...

Hergé (1907-1983),
Le Trésor de Rackham le Rouge,
page 32 A2, Casterman, 1944.
© Hergé/Moulinsart 2017.

«Le lac», de Julos Beaucarne,
une explication de texte qui rame

Julos Beaucarne, conteur, comédien, musicien, écrivain belge, s'amuse à improviser une explication du poème dans son sketch «Le lac». En 1974, entre admiration et moquerie, il met en lumière, dans *Front de libération des arbres fruitiers*, les procédés d'écriture du poème : sa musicalité, l'adresse du poète au lac et à la nature.

«Ô lac, l'année à peine a fini sa carrière
Et près des flots chéris
Qu'elle devait revoir…»
C'est terrible, j'peux pas continuer c'poème tellement…
Tellement ça m'prend aux tripes là

Celui qui a écrit ça, il s'appelait Alfred
C'était un poète
Parce que, vous savez, les poètes, ils s'adressent aux choses comme si c'était des gens

«Ô lac» qu'il dit
Allez-vous, commun des mortels, parler à un lac ?
On va vous prendre pour un louf, pour un maf, pour un maboule, un trois-quarts d'sot !
Mais les poètes, ils peuvent faire ça
Ils ont la permission

«Ô lac, l'année à peine a fini sa carrière»
Quel rythme là-dedans, on dirait du rock !
Attention, hein, quand il dit «L'année a fini sa carrière»
Il ne veut pas parler d'une carrière de pierres de France, d'Écaussinnes ou de Gobertange

Il veut simplement dire que l'année est terminée, enfin

Mais s'il avait dit « L'année est terminée »
Mais ça aurait été plat, n'est-ce pas
Toute la poésie aurait foutu l' camp

« Ô lac, l'année à peine a fini sa carrière
Et près des flots chéris qu'elle devait… qu'elle devait revoir »
Ici, on s' rend compte qu'il y a quelque chose qui n'va plus
Que l'ménage allait sur une fesse, qu'elle lui a renvoyé ses lettres
Et qu'il est tout seul
Et il traduit si bien cette solitude dans ses vers
« Regarde, je viens seul m'asseoir sur cette pierre où tu la vis s'asseoir »
Il a une mémoire, ce garçon-là ! Une mémoire d'éléphant
Il se souvient exactement de l'endroit… où était la pierre

Il ne nous dit pas si elle était ronde, carrée ou rectangulaire
Vous savez pourquoi ?
C'est pour nous faire rêver

C'est pour nous faire rêver à la forme… de la pierre

[…]
Alfred ? Alfred ?
Mon Dieu Seigneur,
mais ce n'est pas Alfred qu'il s'appelait,
c'est Alphonse ! Bah ! Ça n'fait rien,
ça n'a pas d'importance.

Cor
Cœur
Courage

Les mots ont une histoire

Le langage amoureux a ses codes, ses images ; un mot peut parfois en cacher un autre ou nous suggérer différents sens ; à nous de les découvrir.

«Tout feu tout flamme»

Ardeur : chaleur très vive. On parle d'ardeur du soleil. Cependant, le sens figuré est aujourd'hui devenu plus courant que le sens propre : lorsque l'on dit «faire quelque chose avec ardeur», cela signifie qu'on le fait avec tout son cœur, toute sa force, en s'engageant véritablement dans ce que l'on fait. Ce glissement de sens tient autant à la vivacité commune (à la chaleur et à l'effort fourni) qu'au fait qu'en engageant toute sa personne dans une chose on se dépense, on dégage de la chaleur, on brûle des calories !

C'est sans doute ces deux éléments qui donnent à «ardeur» un deuxième sens figuré : celui de désir violent. Un désir violent est ce que nous voulons intensément, ce pour quoi nous nous démenons, mais aussi ce qui nous laisse impuissant, ce qui nous consume. Nous retrouvons là notre métaphore filée du feu.

Le désir peut prendre différentes formes : désir de réussite, de gloire… mais, le plus souvent, il s'agit du désir d'un autre être, de la passion amoureuse. L'ardeur renvoie à l'amour, rejoignant le champ lexical du feu : c'est la chaleur que nous ressentons en nous pour quelqu'un. Enfin, lorsque ces deux sens du terme «ardeur» se rejoignent, que le désir violent habite la passion amoureuse, l'ardeur peut être aussi le désir charnel, comme dans l'expression «exciter les ardeurs».

Feu et flamme : dégagement de chaleur et de lumière par phénomène chimique, c'est la manifestation d'une combustion. Cependant, au sens figuré, lorsque l'on dit qu'on s'« enflamme » pour quelque chose, c'est que l'on est très passionné, enthousiasmé. D'où l'expression « être tout feu tout flamme » : se passionner pour quelque chose ou quelqu'un. Faire quelque chose avec « feu » : le faire avec passion, voire même avec ferveur. Ces termes sont empruntés au vocabulaire religieux : être enthousiaste, c'est être habité par une force divine, la ferveur réfère au zèle du croyant. En effet, le feu était considéré comme un élément sacré dans l'Antiquité, il était un objet de culte, d'où le sens figuré que nous trouvons dans les termes « feu » et « flamme ».

En ce qu'il est sacré, comme la vie, le feu peut alors désigner celle-ci. Par extension, il désigne tout ce qui nous anime, tous les mouvements de l'âme : les passions qui nous remuent, comme les flammes toujours mouvantes. Le feu peut alors s'appliquer à la colère comme au courage, mais il symbolise plus fréquemment l'amour, tout particulièrement en poésie. En effet, l'image du feu ouvre à notre imaginaire les contrées d'un vaste champ lexical à travers des métaphores filées dont s'amusent les poètes : on brûle, où on se consume d'amour, car l'amour est un sentiment qui peut nous faire souffrir, devant lequel nous sommes impuissants ; mais nous entretenons dans notre cœur cette flamme, comme un feu sacré. C'est d'ailleurs ce sentiment qui, comme un feu, nous réchauffe, nous fait du bien, nous donne espoir. Enfin, nos joues s'embrasent ou s'enflamment lorsque nous rougissons, comme si l'émotion était un feu et notre sang la manifestation de notre flamme intérieure.

L'amoureux sacrifié

Martyr : l'étymologie du mot, le grec *martur*, lui donne le sens de « témoin », et spécifiquement celui qui **témoigne de l'existence de Dieu**. Et ce témoignage lui vaut de subir le **martyre**, c'est-à-dire la mort ou les tourments endurés au nom de sa foi. Le Christ fut le premier martyr en souffrant le supplice de la croix, en se sacrifiant pour les hommes. Les chrétiens persécutés meurent en suivant son exemple, avec l'espoir d'atteindre le Paradis. On les appelle des martyrs.

Le sens du terme s'élargit par la suite : **le martyre peut désigner une souffrance très intense** qui n'est pas forcément liée à la doctrine chrétienne, comme dans l'expression « souffrir le martyre ». Par extension, le martyre est susceptible de quantifier **une souffrance aussi bien physique que morale**. Plus particulièrement, on parle de **« martyre d'amour »** pour exprimer les souffrances qu'éprouve un amant sous l'emprise de l'amour.

<u>**Passion**</u> : vient du verbe latin *patio* qui signifie « subir, supporter » et s'attache donc à l'action de souffrir. En ce sens, on parle de « la passion du Christ » pour indiquer son statut de martyr. **Par extension, la passion renvoie** à ce que nous subissons, à ce qui nous envahit sans crier gare, **à nos émotions**, ces mouvements de l'âme incontrôlables. Étymologiquement, « émotion » vient du latin *movere* : « mouvoir », « bouger ». **Dans le vocabulaire philosophique, la « passion » qualifie les émotions, qui s'opposent à la raison**. Puis, les passions ont désigné des émotions fortes comme la colère ou l'amour. Cependant, la passion est le plus souvent le plus haut degré du sentiment amoureux.

Par métonymie (on exprime un concept par un terme s'appliquant à un autre concept), **la passion peut renvoyer non plus au sentiment, mais à l'objet que l'on aime** passionnément : « c'est ma passion ». On ne se dit plus « passionné pour » mais « passionné par ». La passion est alors un loisir ou un domaine particulièrement apprécié, comme lorsque l'on dit : « Je suis passionnée par la peinture ». Le mot « passion » a ici perdu son sens étymologique, son sens fort, il montre seulement qu'on a un goût, quelque chose qu'on apprécie, et s'éloigne également du vocabulaire amoureux.

<u>**Peine**</u> : ce que l'on fait subir à quelqu'un jugé coupable, **punition, châtiment**. Le terme est issu du latin *poena*. Nous avons gardé ce sens, comme dans ce type d'expression : « sa peine s'élève à cinq ans de prison ». **Par glis-**

sement, la peine est la souffrance physique ou morale, qui découle ou non d'une punition. Il a alors comme synonyme **« chagrin »**, au sens fort et non pas au sens actuel de tracas, embarras, souci.

Dans le vocabulaire amoureux, galant, les souffrances de l'amant ont le même sens que le « martyre ». Cet usage entraîne un affaiblissement du sens. La peine peut alors désigner une inquiétude, un souci, avant de définir, de façon encore plus atténuée, un empêchement ou une difficulté.

Parallèlement, **un autre sens de « peine » se développe**, dérivant de la souffrance physique que le mot « peine » désignait d'abord, **il s'agit du travail**, de la fatigue, comme lorsque l'on dit « je me suis donné de la peine pour faire cela » : j'ai fourni des efforts, j'ai beaucoup travaillé. D'ailleurs, le mot **travail** vient du latin *tripalium* qui désigne un instrument de torture, il est donc profondément lié à l'idée de souffrance.

Rêves et illusions

Enchanteur : celui qui est doté de pouvoirs surnaturels, comme Merlin l'enchanteur ; qui lance des **charmes**, au sens de sorts. Par extension, un enchanteur est une personne qui séduit, qui plaît, qui charme. Le mot « charme » est alors pris dans son sens figuré : pouvoir de séduction, attraction naturelle, et non plus pouvoir surnaturel. Ce sens a donné l'adjectif enchanteur qui s'applique aussi bien à une personne qu'à un objet, « c'est un homme enchanteur », « c'est un spectacle enchanteur ». Vous avez sans doute remarqué que les mots « charme » et « enchantement » se ressemblent en plus d'être liés par leur évolution sémantique. C'est qu'ils sont tous deux dérivés étymologiquement du mot « chant », *carmen* en latin. Quel est le lien entre eux ? C'est le caractère magique du chant, utilisé d'abord dans la prière et dans le cadre de cérémonies, puis pour son pouvoir de séduction. Le mythe d'Orphée nous renvoie à cette union profonde entre chant, charme et enchantement.

Fantaisie : la *phantasia*, en grec, c'est la vision et on comprend donc bien comment le sens a dérivé vers l'imagination ou la production imaginaire. Par dérivation, «une fantaisie» est une œuvre (en littérature, en peinture, en musique) qui ne respecte pas de règles formelles, où la créativité s'exprime librement. Puis le terme désigne une volonté passagère, un caprice. Par métonymie, c'est l'objet de l'envie. Dans le vocabulaire amoureux, la fantaisie fait allusion au goût du moment d'un amant, c'est le contraire d'une relation sérieuse : un amour passager.

Songe : vient du latin *somnium* et on voit par son étymologie qu'il est lié au champ lexical du sommeil. Le mot recouvre le produit de notre inconscient quand nous dormons.

Au sens figuré, il peut définir un rêve éveillé, une rêverie, un produit conscient de notre imaginaire. Plus largement, c'est ce qui a peu de réalité matérielle, quelque chose d'évanescent, d'éphémère, qu'on retrouve dans le titre de la pièce de Calderón *La vie est un songe*. Mais aussi, parce que l'imaginaire s'oppose à la raison, le songe concerne la fiction, l'illusion, le faux, face à une réalité rationnelle. En cela, il est très proche du **mensonge** sans avoir la même étymologie. De nombreux proverbes se plaisent à les rapprocher, comme «songe n'est que mensonge». Le mensonge est également une illusion, mais généralement produite dans le but de tromper ; contrairement au songe, dans son sens premier, le mensonge n'est pas une pensée irrationnelle, mais une affirmation volontairement contraire à la réalité.

ENFLAMMONS-NOUS !

Nous avons vu que le champ lexical du feu était étroitement lié à celui de l'amour.

1. Dans les poèmes de votre anthologie, trouvez deux expressions qui mêlent ces deux champs lexicaux : qui utilisent la métaphore du feu pour parler d'amour.
2. Lancez-vous ! Écrivez votre propre texte sur le thème de l'amour. Il devra faire au moins cinq lignes et comprendre deux termes ou expressions appartenant au champ lexical du feu. Il peut être écrit à la première ou à la troisième personne.

PASSONS À LA PASSION

Vous avez appris que « passion » venait du latin *patio* signifiant : subir, supporter.

1. Repérez dans la liste suivante les mots ayant la même étymologie latine que « passion » en les récrivant dans la colonne concernée.

	Même étymologie	Étymologie différente
Pâtisserie		
Pâtir		

	Même étymologie	Étymologie différente
Partir		
Patient		
Patineur		
Passif		

2. Retrouvez le sens de ces termes.

3. Trouvez un poème du recueil où le champ lexical de l'amour est lié à celui de la douleur, renvoyant au sens étymologique du mot «passion».

FANTAISIES POÉTIQUES

1. Relisez le poème de Charles Cros (p. 23) qui se trouve dans la section «Fantaisies en prose». Avec ce que vous avez appris sur ce mot, dites pourquoi le poète a choisi ce titre.

2. Le mot «fantaisie» apparaît à plusieurs reprises dans le poème. Examinons cette occurrence : «les visions débarquent dans ma fantaisie». Qu'est-ce que l'auteur veut dire ? Quel double sens peut avoir ici le mot «fantaisie» ?

Les noms propres sont porteurs de sens

Dans la poésie, et plus généralement dans la littérature, nombreuses sont les références à la mythologie grecque. Nous nous sommes intéressés au poète Orphée, à présent voyons qui sont ces personnages mythologiques, divinités ou héros, qu'invoquent les poètes dans les textes que nous venons de lire.

Parque : chacune des trois sœurs présidant à la vie et à la mort des êtres dans la mythologie latine. Le plus souvent, on les trouve au pluriel : «les Parques». Le terme serait tiré du latin *parcere* : «épargner», utilisé ici par antiphrase (on utilise un mot ou un groupe de mots signifiant le contraire de ce que l'on pense). En effet, les Parques sont celles qui n'épargnent personne. Elles tiennent entre leurs mains la vie des hommes, représentée sous la forme d'un fil qu'elles coupent quand l'heure de la mort a sonné.

La première des sœurs, la plus jeune, **Nona**, est celle qui fabrique et tient le fil des destinées humaines. En grec, son nom est **Clotho**, «filer». La deuxième, **Decima**, déroule le fil et le met sur le fuseau, son nom grec est **Lachésis**, «sort». Enfin, la plus vieille est celle qui coupe le fil de la vie, décidant de la mort de chacun. Elle se nomme **Morta,** son nom partage l'étymologie du mot «mort». Son nom grec est **Apotros** : «inévitable».

Prométhée : dans la mythologie grecque, ce Titan est à l'origine de la race humaine. Son nom signifie en grec «celui qui réfléchit avant». En effet, il s'est montré le plus rusé des Titans : lors de la grande bataille qui les opposa aux dieux, Prométhée, pressentant l'issue de la bataille, se rangea aux côtés des dieux et fut accepté par eux après cette guerre. Il créa ensuite l'homme et lui fit don du feu. Zeus constata alors les progrès de l'homme qui devint de plus en plus intelligent et habile. Inquiet, il décida de priver les hommes de la flamme et de les plonger dans l'obscurité. Cependant, Prométhée vola le feu en s'introduisant secrètement dans l'Olympe pour le redonner aux hommes. Zeus, furieux, décida de châtier le rebelle en l'enchaînant à une montagne où un aigle viendrait lui manger le foie. Cependant, chaque nuit le foie de Prométhée devait repousser afin que son supplice fût éternel. Ainsi, lorsque Jules Laforgue dit, dans son poème « Complainte-litanies de mon sacré-cœur », que son cœur est « Prométhée et Vautour », cela signifie qu'il est à la fois la cause et la victime de cet amour qui le fait tant souffrir.

Styx : fleuve des Enfers dans la mythologie grecque. On raconte que pour pénétrer dans le monde des morts, il fallait le franchir, épreuve particulièrement dangereuse. C'est un passeur nommé **Charon** qui menait les morts sur sa barque. D'autre part, le Styx est réputé pour ses pouvoirs miraculeux : ainsi **Thétis** plongea son fils **Achille** dans le Styx et elle le rendit invincible. Cependant, comme elle le tenait par le talon, cette partie du corps ne fut pas immergée : le talon demeura donc le point faible d'Achille, ce qui lui coûta la vie.

Dernières observations avant l'analyse

Lorsque nous parlons de poésie et d'expression des sentiments, une notion est fondamentale : le lyrisme.

Retrouvez les mots manquants

• **D'où vient le lyrisme ?**

Dans « lyrisme », vous reconnaissez un mot : .... Cet instrument de musique doit vous rappeler un mythe que nous avons vu ensemble. C'est bien ...., figure du poète qui s'accompagnait de sa lyre.

Ainsi le lyrisme est une notion renvoyant tout d'abord à **la musicalité des poèmes**, à l'union originelle entre poésie et musique.

• **L'expression du sentiment**

La notion renvoie non seulement à la musicalité des poèmes mais aux **émotions** qu'ils transmettent. Déjà, dans le mythe d'Orphée, la musique du poète se met finalement au service de son amour et c'est en poésie et en musique qu'il pleure celle qu'il a perdue.

Au Moyen Âge, les .... et les .... sont toujours des poètes musiciens qui chantent le plus souvent leur amour. Le lyrisme y est très présent.

• L'expression du « moi »

Déjà au Moyen Âge, pour parler d'amour, les poètes s'expriment souvent à la première personne. C'est une nouvelle dimension du lyrisme qui s'affirme : **le lyrisme est l'expression musicale des sentiments** de celui qui parle dans le poème, qu'on appelle **« sujet lyrique »**.

Cependant, la dimension musicale des poèmes se perd peu à peu. Mais le lyrisme est toujours présent et s'affirme au début du XIXᵉ siècle, à travers le **mouvement romantique**. En effet, les Romantiques mettent au centre de leurs textes l'expression des **états d'âme du poète**.

Le poème peut alors parler d'un amour, heureux ou malheureux. Dans le cas d'un poème exprimant des **sentiments tristes**, on dira qu'il s'agit d'une **élégie**, le registre correspondant est «.................». Mais l'expression des sentiments ne se limite plus à l'amour, cela peut être l'expression d'une mélancolie, d'un mal de vivre.

Aujourd'hui, on parle de lyrisme à propos de l'**expression de pensées ou de sentiments personnels visant à provoquer une certaine émotion**. Le registre littéraire correspondant est **«lyrique»**. Un discours, un texte, peuvent être lyriques. Si c'est en poésie que le lyrisme est le plus ancré, un passage de roman émouvant, un monologue tragique au théâtre (par exemple dans *Phèdre*, de Jean Racine) peuvent être également lyriques. En revanche, certains poèmes ne sont pas lyriques.

• En somme

Antiquité	Moyen Âge	Du XIXe siècle à nos jours
Origine du mot : lyre => lyrisme	Définition : – musicalité des poèmes – expression de senti-ments amoureux – expression du «moi»	Définition : – ~~musicalité des poèmes~~ – expression d'un sentiment (amoureux ou autre) + – expression du moi ++
Définition : – musicalité des poèmes – expression des senti-ments amoureux		

Exercice

Avez-vous bien compris ?
• *Qu'est-ce que le lyrisme ?*
• *Dans quels genres littéraires peut-on trouver des passages lyriques ?*
• *Comment appelle-t-on un poème exprimant des sentiments tristes ?*

J'ANALYSE

Cherchez l'intrus

1 Les poèmes que vous avez lus sont écrits…
   Avec des formes fixes pour certains, des formes plus libres pour d'autres.
   En vers pour certains, en prose pour d'autres.
   En français pour certains, dans d'autres langues pour les autres.

2 Les poèmes que vous avez lus s'étendent sur une période allant
   Du Moyen Âge à aujourd'hui.
   De l'ancien français au français moderne.
   De la préhistoire au xxie siècle.

3 L'amour y est présenté…
   Comme source de bonheur.
   Comme source de malheur.
   Comme source de revenus financiers.

4 Ce poète dresse un portrait péjoratif de la femme dont il parle :
   Ronsard dans le poème «Quand vous serez bien vieille…».
   La Fontaine dans le poème «L'Amour et la Folie».
   Queneau dans le poème «Si tu t'imagines…».

5 Le «blason» est un poème célébrant une personne à travers une description, d'une partie de son corps le plus souvent.
   «Un hémisphère dans une chevelure» de Charles Baudelaire est un blason.

« Le beau tétin » de Clément Marot est un blason.

« Je t'aime » de Paul Éluard est un blason.

6 Le poète s'exprime à la première personne…

Dans tous les poèmes du recueil.

Dans « Le lac » d'Alphonse de Lamartine.

Dans « L'amour » de Marceline Desbordes-Valmore.

7 Ce poème est élégiaque (il exprime des sentiments tristes) :

« Seulette suis et seulette veux être… » de Christine de Pisan.

« Sensation » d'Arthur Rimbaud.

« Le pont Mirabeau » de Guillaume Apollinaire.

8 Dans les poèmes suivants, le poète s'adresse à la femme qu'il aime :

« Madrigal » de Pierre de Ronsard.

« Georgia » de Philippe Soupault.

« Ha Dieu ! Que j'ai de bien… » de Marc Papillon de Lasphrise.

9 *« Celui qui craint les eaux, qu'il demeure au rivage,*
Celui qui craint les maux qu'on souffre pour aimer,
Qu'il ne se laisse pas à l'amour enflammer,
Et tous deux ils seront sans hasard de naufrage. »

Que signifient ces vers tirés du poème de Pierre de Marbeuf, « Et la mer et l'amour » ?

Que malgré la crainte, il faut apprécier l'amour tel un voyage.

Que si l'on a peur de souffrir en aimant, autant ne pas aimer, de même que si l'on a peur de faire naufrage, autant ne pas s'embarquer.

Qu'aimer est aussi dangereux et risqué que de prendre la mer.

10 *«Quand vous serez bien vieille, au soir, à la chandelle,*
Assise auprès du feu, dévidant et filant,
Direz chantant mes vers, en vous émerveillant :
"Ronsard me célébrait du temps que j'étais belle." »

Dans cette strophe, tirée du poème de Ronsard «Quand vous serez bien vieille…», qui parle ?

La femme célébrée par Ronsard, en discours direct rapporté.

Ronsard, en discours direct.

Ronsard, en discours indirect.

Au cœur de la phrase

La proposition subordonnée conditionnelle introduite par «si»

Rappelez-vous : la proposition subordonnée (appelée S dans le chapitre) dépend d'une proposition principale (appelée P).

Il y a plusieurs types de propositions subordonnées.

La conditionnelle pose la condition selon laquelle l'action pourra être réalisée, elle est le plus souvent introduite par «si».

Je sortirai dimanche	**si** le temps le permet.
Proposition principale (qui pourrait se rencontrer toute seule).	Proposition subordonnée conditionnelle introduite par «si» (qui nuance la proposition principale en posant une condition).

L'ordre des deux propositions peut être inversé sans que le sens ne change :

Je sortirai dimanche si le temps le permet = Si le temps le permet, je sortirai dimanche.

Quel que soit l'ordre, la subordonnée reste la proposition commençant par «si».

Exercices

1. Identifiez dans les phrases suivantes la proposition principale et la proposition subordonnée :
– Si j'<u>étais passé</u> par ce chemin, je <u>suis</u> sûr et certain que je serais arrivé plus rapidement.
– Demain, je <u>dirai</u> à Sarah que si elle <u>veut</u> rester dans l'équipe elle doit s'entraîner davantage.
– Si seulement je <u>m'étais appliqué</u>, j'<u>aurais pu</u> faire bien mieux !
– <u>Dis</u>-le-moi tout de suite si je <u>me trompe</u>.

Proposition principale	Proposition subordonnée conditionnelle

2. Identifiez le temps et le mode des verbes soulignés.

L a proposition subordonnée introduite par « si » est **toujours au mode indicatif**. Son temps varie en fonction de celui de la principale.

Hypothèse présentée comme un fait réel :		
ce qui peut se passer éventuellement		
L'action de la principale a lieu dans le présent	P = Indicatif présent S = Indicatif présent	*J'apporte un gâteau si je viens demain.*
L'action de la principale a lieu dans le passé	P = Passé composé de l'indicatif S = Passé composé de l'indicatif	*Si elle est venue, elle a apporté un gâteau.*
L'action de la principale a lieu dans le futur	P = Indicatif futur S = Indicatif présent	*J'apporterai un gâteau si je viens demain.*

Hypothèse présentée comme un fait possible dans le futur : ce qui		
peut potentiellement se passer		
L'action de la principale pourrait avoir lieu dans un futur hypothétique	P = Conditionnel présent S = Indicatif imparfait	*Si jamais je venais demain, j'apporterais un gâteau.*

Hypothèse présentée comme un fait imaginaire dans le présent		
(irréel du présent)		
L'action de la principale est envisagée dans le présent mais elle ne peut pas avoir lieu	P = Conditionnel présent S = Indicatif imparfait	*Si je venais à son anniversaire au lieu d'être cloué chez moi, j'apporterais un gâteau.* (J'imagine ce qui se passerait mais je ne peux pas venir, je ne viendrai pas.)

Hypothèse présentée comme un fait imaginaire dans le passé (irréel du passé)		
L'action de la principale est envisagée dans le passé, mais elle n'a pu avoir lieu	P = Conditionnel passé S = Indicatif plus-que-parfait	Si j'*étais venu* à son anniversaire, j'*aurais apporté* un gâteau.

Exercice

Dans les phrases suivantes, identifiez les phrases fausses et corrigez-les.
- *Si j'avais su, je ne serai pas venu.*
- *Si je serais toi, je ferai davantage attention en traversant.*
- *Tu auras la médaille si tu ferais des efforts.*
- *Je t'aurais volontiers aidé à attraper ce saladier si j'avais quelques centimètres en plus.*

En poésie, les choses se corsent ! En particulier quand les poèmes sont versifiés, il nous est plus difficile de suivre le déroulement de la phrase. Pourtant, même là, il y a une construction syntaxique repérable : des phrases avec des verbes, des sujets, des propositions principales et subordonnées… Les poètes jouent avec la grammaire !

C'est ce que nous pouvons voir dans le « Madrigal » de Ronsard qui s'amuse à faire durer une seule et même phrase sur quatorze vers, tout au long de son sonnet, afin de maintenir un certain suspense.

« Si c'est aimer, Madame, et de jour et de nuit
Rêver, songer, penser le moyen de vous plaire,

Oublier toute chose, et ne vouloir rien faire
Qu'adorer et servir la beauté qui me nuit ;
    Si c'est aimer de suivre un bonheur qui me fuit,
De me perdre moi-même, et d'être solitaire,
Souffrir beaucoup de mal, beaucoup craindre et me taire,
Pleurer, crier merci, et m'en voir éconduit.
    Si c'est aimer de vivre en vous plus qu'en moi-même,
Cacher d'un front joyeux une langueur extrême,
Sentir au fond de l'âme un combat inégal,
Chaud, froid, comme la fièvre amoureuse me traite,
Honteux, parlant à vous, de confesser mon mal ;
    Si cela c'est aimer, furieux je vous aime.
Je vous aime, et sais bien que mon mal est fatal.
Le cœur le dit assez, mais la langue est muette. »

Vous constatez que tout le poème est structuré par la proposition subordonnée conditionnelle. Il fait attendre son lecteur qui, tout au long du poème, se demande « alors quoi ? ».

Exercices

‖‖

1. Identifiez la proposition subordonnée conditionnelle dans le poème de Ronsard (indice : elle est longue !).
2. Identifiez la proposition principale dans ce poème (indice : pour la trouver, essayez de placer « alors » devant ; elle doit en effet résulter de la condition posée par la subordonnée).

‖‖

La poésie moderne s'amuse tout autant à jouer de l'élasticité des phrases et du balancement entre proposition principale et proposition subordonnée conditionnelle. Regardons par exemple la première strophe de «Si tu t'imagines» de Raymond Queneau :

Si tu t'imagines
si tu t'imagines
fillette fillette
si tu t'imagines
xa va xa va xa
va durer toujours
la saison des za
la saison des za
saison des amours
ce que tu te goures
fillette fillette
ce que tu te goures

Exercices

1. Mettez cette strophe sous forme de phrase, en supprimant les répétitions, en ajoutant la ponctuation et en écrivant correctement tous les mots.
2. Identifiez la proposition subordonnée.
3. Identifiez la proposition principale (vous pouvez utiliser la même astuce que précédemment).

La construction de l'anthologie

1. Une progression en forme de boucle

Nous avons choisi un large florilège de poèmes, de formes et d'époques différentes, qui ont cependant ce point commun : ils parlent d'amour. Nous les avons donc classés selon leur manière d'*exprimer* l'amour. Ce classement se rapporte le plus souvent au vocabulaire de la parole, afin de montrer l'union initiale entre la poésie et la voix. En effet, sur un *ton* différent, chacun parle de ses émotions.

De plus, nous avons tenté de ménager une progression dans les différentes expressions de l'amour, du discours rationnel à la confidence raisonnée en passant par la déclaration passionnée ; du songe au souvenir (pensées muettes) en passant par l'exclamation enflammée. Cette progression est donc aussi une boucle, un cycle, qui est celui du sentiment et qui est aussi, étymologiquement, celui du « vers » (« vers » vient de *versus* : « le retour du même »).

Exercices

1. Pourquoi peut-on dire que le dernier poème du recueil, «L'amour» de Marceline Desbordes-Valmore, fait écho au premier poème de Jean-Baptiste de Grécourt, «Qu'est-ce que l'amour ?» ?

2. Montrez que, malgré des points communs dans leur argumentation, Jean-Baptiste de Grécourt et Marceline Desbordes-Valmore présentent une vision différente de l'amour.

3. En quoi peut-on dire que la réflexion sur l'amour a progressé à travers les différents poèmes du recueil ?

4. Le dernier poème peut être compris comme une conclusion de la parole amoureuse et comme une invitation au recommencement : soutenez ces deux interprétations.

2. L'élégie : l'expression poétique du sentiment triste

Nous avons rapidement abordé les notions de lyrisme et d'élégie. Nous avons vu qu'elles étaient intimement liées. En effet, l'élégie est un poème lyrique exprimant des sentiments tristes, comme les peines amoureuses, la fuite du temps, la perte d'un être cher, la mélancolie. L'adjectif correspondant est « élégiaque ».

Exercices

1. Quelle est la section du recueil qui lui est principalement consacrée ?
2. Quel poème de cette section peut être désigné comme particulièrement représentatif de l'élégie car il aborde à la fois le thème de la fuite du temps et celui de la perte de l'être aimé ?

3. Vers et poème : aux frontières du genre

Nous savons à présent qu'il y a eu une époque où la poésie était toujours versifiée mais que ses codes se sont assouplis : les poèmes peuvent être écrits en vers libres ou en prose. Un poème n'est donc pas forcément écrit en vers.

Exercices

1. Repérez deux poèmes en prose dans le recueil.
2. En vous aidant de ces deux exemples, dites en quoi ces textes sont tout de même des poèmes, bien qu'ils ne soient pas écrits en vers.

D'autre part, certains textes écrits en vers peuvent parfois appartenir à un autre genre que la poésie (nous avons mentionné que certaines pièces de théâtre sont écrites en vers) ou s'inscrire à la frontière de deux genres.

Exercices

1. *Relisez le deuxième poème du recueil, «L'Amour et la Folie» de Jean de La Fontaine. On peut certes dire qu'il s'agit d'un poème, mais à quel autre genre appartient ce texte?*

2. *Quel est le but des poèmes de la première section? Est-ce commun en poésie? Quels types de textes ont habituellement ce rôle?*

Les poèmes jouent souvent avec les codes d'autres genres littéraires, dans les sujets qu'ils abordent, mais aussi par leurs formes.

Exercices

1. *Relisez le poème d'Alfred de Musset «À Mademoiselle***» et celui d'Évariste de Parny «Le Lendemain». Quel est leur point commun?*

2. *À quel autre genre littéraire ce procédé commun peut-il vous faire penser?*

Une petite énigme pour terminer :

Connaissez-vous un type de poème à la frontière entre texte et dessin ?

Indice : cherchez un titre d'un recueil de Guillaume Apollinaire…

Caractérisation des personnages

1. Des figures fugaces et mystérieuses

Dans nos poèmes, les personnages ne sont pas décrits comme dans un récit, ce sont des figures évanescentes qui ne font que traverser le texte ; elles sont souvent suggérées, vagues. En effet, ce qui compte c'est l'expression du sentiment, ce que représente la personne pour le poète.

2. Quelques noms cependant

Cinq personnages sont tout de même nommés dans les poèmes du recueil.

Il s'agit de trois femmes : Madame de Montbazon dans le poème d'Aloysius Bertrand, de Georgia, chez Philippe Soupault, et d'Éléonore dans « Le Lendemain » d'Évariste de Parny ; puis de deux hommes : Tyrcis dans « Ô mort ! anéantis mon être… » de la marquise d'Antremont, et le chevalier de la Rüe dans l'épigraphe de Madame de Montbazon.

Exercices

1. *Ces personnages ont un lien différent avec l'auteur. Classez-les en différents groupes selon la nature de ce lien.*

2. *Deux personnages ont un statut historique. Lesquels ? Quel élément vous le prouve ?*

3. *En quoi la situation d'énonciation est différente dans le poème d'Aloysius Bertrand ?*

3. Une distance respectueuse et pudique

Dans d'autres poèmes, l'apostrophe respectueuse «Madame» (Pierre de Ronsard, «Madrigal») ou «Mademoiselle» (Alfred de Musset, «À Mademoiselle ***») permet de marquer une certaine distance. Cette distance peut exprimer du respect mais aussi de la froideur, selon les cas. D'autre part, le poète, pudique, cache ainsi l'identité de celle à qui il parle, cela peut être un jeu entre eux, seule l'intéressée sachant que le poème lui est destiné. Enfin, par cette apostrophe générale, le poème peut s'adresser à plusieurs femmes.

Exercices

1. Dans lequel de ces deux poèmes l'apostrophe marque une distance respectueuse et dans lequel elle dénote une certaine froideur ?
2. Outre «Mademoiselle», à qui s'adresse plus largement le poème de Musset ?

4. Pour certains, la représentation vague d'un être idéal...

Même lorsque les poèmes traduisent une plus grande intimité entre la personne aimée et le poète, la femme est peu décrite, ses qualités physiques et morales renvoient souvent à un idéal. De plus, elle n'est pas dépeinte objectivement mais à partir de ce que le poète aime chez elle.

De la même manière, les personnages masculins ne sont que des miroirs des sentiments des poétesses : la marquise d'Antremont et Christine de Pisan évoquent chacune l'homme aimé seulement parce qu'elles souffrent de son absence.

Exercices

1. Dans le poème «Je croyais en dormant...» de Louise Gillot de Saintonge :

a) Relevez les termes qui renvoient à la première personne, puis à l'homme aimé auquel elle rêve. Sont-ils aussi nombreux ?

b) Grâce à un exemple précis du texte, dites en quoi l'homme aimé apparaît seulement comme un idéal.

2. Charles Baudelaire propose un portrait de la femme qu'il aime dans «Chanson d'après-midi».

a) Grâce aux indices donnés dans le texte, tentez de la dessiner.

b) Quels éléments de description donne Baudelaire ? Sont-ils essentiellement physiques ?

5. ... Pour d'autres, une vision déformée par le dépit

Certains poèmes font exception en montrant une image peu avantageuse de la femme. Ainsi, Pierre de Ronsard, dans «Quand vous serez bien vieille...», Raymond Queneau, dans «Si tu t'imagines...» et Théophile de Viau, dans «Ton orgueil peut durer...» s'imaginent la femme qui a repoussé leurs avances laide et rejetée, et se vengent ainsi d'avoir été éconduits.

Philippe Desportes, dans «Est-il vrai qu'autrefois...», est surpris d'avoir trouvé belle une femme qu'il trouve bien laide à présent qu'il ne l'aime plus.

Exercices

1. Dans le poème d'Étienne Jodelle «Comment pourrais-je aimer...», montrez qu'il y a une progression dans la description.

2. Ce portrait est précis. Vous semble-t-il réaliste ? Pourquoi ?

3. Montrez en quoi les poèmes «Le beau tétin» et «Le laid tétin» de Clément Marot sont davantage des exercices de style que de véritables descriptions de femmes.

Les intentions des auteurs : pourquoi écrire des poèmes d'amour ?

Écrire pour séduire...

Exercice

Choisissez, dans l'anthologie, la déclaration amoureuse qui vous semble la plus forte. Justifiez votre choix.

Pourquoi écrire des poèmes d'amour ? Pour séduire !, répondrions-nous assurément. On se rappelle d'ailleurs qu'Orphée, avec son chant, séduisait tout être et toute chose, et l'image médiévale traditionnelle du poète venant chanter son amour à sa belle pour la séduire marque encore nos esprits.

Pourtant, notre anthologie comprend peu de véritables déclarations amoureuses.

... le lecteur avant tout ?

Le fait que les poèmes soient écrits et publiés complexifie la situation d'énonciation : un tiers est présent, témoin et voyeur : le lecteur. Le lecteur est toujours destinataire de ces textes publiés sciemment, il s'empare du message amoureux.

Certains poèmes de notre recueil sont d'ailleurs directement destinés au lecteur qui est non seulement le confident, mais aussi celui qu'il s'agit d'instruire en lui expliquant ce qu'est

Exercices

1. Relevez un indice qui montre que Marceline Desbordes-Valmore s'adresse au lecteur dans le poème « L'amour ».
2. Dans la section « Expliquer l'amour », trouvez un poème en particulier qui cherche à amuser le lecteur sous couvert de l'instruire.

l'amour. Ces poèmes n'ont cependant qu'une apparence didactique, ce qui compte c'est de divertir le lecteur par un récit plaisant.

Un exercice de style ?

Le thème amoureux offrant une large palette de métaphores et de jeux de mots, le poème est parfois simplement l'occasion d'un exercice de style pour l'auteur, qui joue sur les images, les sons et les procédés d'écriture.

Exercices

1. Dans le poème « Tourments sans passions », quel est le procédé que s'amuse à mettre en place l'auteur tout au long du poème ?
2. Montrez avec quels figures de style et jeux sonores (homonymes, paronymes) Pierre de Marbeuf unit l'amour et la mer dans son poème.

Représenter

Que le poème soit un exercice de style ou une déclaration, ce qui compte c'est de produire une image dans la tête du lecteur, par le biais des comparaisons et des métaphores, d'une part, par la description de la personne aimée, d'autre part. Pour exprimer son amour, le poète nous dit comment il voit celle qu'il aime, la décrit.

Ces poèmes, qui ont pour but de faire le portrait élogieux d'une personne, s'appellent des **blasons**. On y loue le plus souvent le corps d'une personne ou une partie de son corps. On appelle **contre-blason** les poèmes visant à faire un portrait péjoratif, un portrait à charge d'une personne. Dans notre recueil, certains poèmes insistent particulièrement sur la laideur de la femme.

Exercices

1. *Relevez au moins deux blasons parmi les poèmes de l'anthologie.*
2. *Qu'est-ce qui est précisément loué dans chacun d'eux ?*
3. *Demandez-vous dans quel but le poète parle du corps de la femme. Est-ce un portrait objectif ? Permet-il l'expression d'un désir ? Ne suggère-t-il pas d'autres qualités chez la femme ? Le blason est-il ou non un prétexte à l'expression d'autre chose : permettre au poète de s'évader ? Amuser le lecteur ?*
4. *Relevez deux contre-blasons dans l'anthologie.*

Rendre hommage

Nos questionnements montrent que la représentation de la personne aimée est rarement une fin en soi. D'ailleurs, cette représentation n'est pas seulement un miroir des sentiments du poète, elle peut avoir pour but de rendre hommage à celle qu'on aime, à sa beauté et à ses qualités. Sans être un blason, le poème peut faire les louanges de ses paroles, de ses actions. Plus simplement encore, l'auteur montre ainsi qu'elle est précieuse à ses yeux.

Il peut s'agir d'un hommage posthume, comme celui de Lamartine à son amante Julie Charles, dans « Le lac ». Le poème peut aussi sceller l'amour que le poète porte à sa femme, comme dans « Que serais-je sans toi » d'Aragon. Dans le recueil *Les Yeux d'Elsa*, Aragon rend également hommage à sa femme, Elsa Triolet.

Exercice

Montrez que, dans son poème « Le lac », Lamartine cherche à répandre la rumeur de son amour et à en faire un message éternel.

Quelle vision de la femme dans les poèmes amoureux ?

De rares poétesses

Il suffit de lire les poèmes du recueil et de se référer à notre infographie pour constater que **les femmes sont davantage objets des poèmes d'amour que poétesses elles-mêmes**… L'écriture semble réservée aux hommes comme s'il s'agissait d'une activité intellectuelle dont on devait éloigner les femmes. Outre que le fait de travailler ait longtemps été mal perçu pour une femme, une femme écrivain était soupçonnée d'avoir des mœurs dissolues.

Pourtant, bien que rares, les poétesses ont toujours existé. Dans l'Antiquité, Sappho était particulièrement célébrée pour ses poèmes d'amour. Et le fait que ses écrits louent souvent la beauté féminine n'est pas seulement le signe d'une homosexualité assez répandue à l'époque, c'est aussi la preuve que le regard masculin sur le corps féminin était déjà prédominant en poésie : Sappho imitait ses contemporains.

Les poétesses médiévales de notre anthologie appartenaient aux classes éduquées qui pouvaient exercer l'écriture comme un divertissement et non comme une profession.

Enfin, Marceline Desbordes-Valmore a pu vivre de sa plume grâce à la subvention royale de Louis-Philippe. Malgré la notoriété qu'elle a connue, elle était considérée comme une marginale.

Si les femmes sont omniprésentes dans la poésie amoureuse, c'est à travers le regard masculin qui les sublime ou les critique et fait d'elles un idéal ou un mythe.

Exercice

Repérez les poétesses médiévales dans le recueil. Faites pour chacune d'elles une fiche d'identité.

La muse du poète

Dans la mythologie grecque, les Muses sont des divinités représentant les différents arts. Elles inspirent les hommes dans leurs créations. Par extension, on parle de «muse» pour désigner l'inspiratrice d'un artiste, ici du poète.

Dans les poèmes de notre corpus, c'est ainsi qu'apparaît le plus souvent la femme : comme égérie du poète. Elle est l'être aimé pour lequel le poète ne tarit pas de mots d'amour dans «Que serais-je sans toi…» de Louis Aragon. Elle est nécessaire à sa vie comme à son écriture.

Dans de nombreux poèmes, cette muse, renvoyant à l'origine du mot, apparaît comme divine, irréelle : elle est une apparition. C'est le cas dans le poème de Charles Cros, «Distrayeuse».

Exercice

Montrez que dans le poème de Charles Cros, la femme n'est qu'une personnification de l'inspiration poétique.

Le fantasme d'une femme idéale

Nous l'avons vu, la femme est difficilement représentable dans les poèmes, elle est multiple, elle est le rêve du poète, un fantasme façonné selon ses idéaux.

Exercice

Dans la section «Rêver à l'amour», repérez deux poèmes où la femme est un rêve du poète, un fantasme.

La sorcière cruelle

Dans les poèmes amoureux, l'autre versant de la femme douce et aimante, rassurante pour le poète qui lui ouvre son cœur, est la sorcière cruelle. Cette image renvoie à un mythe né autour d'une incompréhension de la femme et de son corps, d'une crainte de son pouvoir qu'on imagine alors surnaturel, donc diabolique.

Cette dimension diabolique s'exprime dans son pouvoir de séduction. Ainsi, Alfred de Musset, dans son poème «À Mademoiselle ***», parle du «pouvoir fatal» des femmes. Baudelaire dans «Chanson d'après-midi» dresse un portrait légèrement inquiétant de celle qu'il aime et qui lui apparaît comme une ensorceleuse ténébreuse et sauvage, à l'image du désir qu'elle réveille en lui.

Si l'amante est toujours représentée comme belle, celle qui dédaigne le poète tombé sous ses charmes doit immédiatement être enlaidie, de même que l'on s'imagine une sorcière laide puisqu'elle est méchante.

Exercice

Repérez au moins deux poèmes où les poètes enlaidissent la femme pour conjurer son pouvoir de séduction.

Résumons !

Voici 10 mots ou expressions que vous devez replacer au bon endroit dans ce résumé sur les poèmes que vous avez lus : chantée, sujet lyrique, vers, élégiaque, didactique, l'amour, péjorative, lyrique, méliorative, prose.

Les poèmes de cette anthologie parlent d'un même thème : .... Certains en proposent une image positive, plus exactement une image .... D'autres, au contraire, en proposent une vision .... Certains expliquent ce qu'est l'amour, ils appartiennent au registre .... ; mais la plupart, parce qu'ils expriment les sentiments du « je » (du ....), appartiennent au registre .... L'expression des sentiments connaît plusieurs nuances. Les poèmes exprimant un sentiment triste sont ....…

Si, à l'origine, la poésie était systématiquement écrite en ...., elle ne s'y limite pas aujourd'hui. Dans ce recueil, on trouve d'ailleurs des poèmes en .... Cette forme s'éloigne des origines de la poésie, qui était .... dans l'Antiquité et au Moyen Âge. Cependant, le rythme de la phrase, les jeux de répétitions contribuent à créer une musicalité nouvelle.

Exercices

LE FURET LECTEUR : EXPLIQUER L'AMOUR

1. Relevez au moins deux exemples dans les poèmes de la section qui montrent que l'amour est présenté comme quelque chose de dangereux.

2. Montrez cependant en quoi l'amour est tout de même présenté de manière méliorative (comme une chose positive) à travers au moins deux exemples.

3. Quelle formulation, que nous retrouvons dans les poèmes, est caractéristique d'une phrase explicative ?

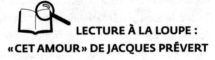

LECTURE À LA LOUPE :
«CET AMOUR» DE JACQUES PRÉVERT

1. Quel procédé Jacques Prévert utilise-t-il pour parler de son amour ?

2. Repérez un autre poème qui utilise le même procédé.

3. Quelle est la forme du poème «Tourments sans passions…» ?

LE FURET LECTEUR : RÊVER À L'AMOUR

1. Relevez le champ lexical du rêve dans les poèmes de la section.

2. En vous référant si besoin à la rubrique «Les mots ont une histoire», classez les poèmes en groupes selon le sens du mot «songe» auquel ils se réfèrent.

LECTURE À LA LOUPE :
ARTHUR RIMBAUD, PAUL VERLAINE, CHARLES CROS

1. Quel est le temps verbal majoritairement utilisé dans « Sensation » de Rimbaud ? Quel effet produit-il ?

2. Quelle est la femme dont parle Verlaine dans « Mon rêve familier » ? Pouvons-nous l'identifier ? Relevez un indice dans le texte pour étayer votre propos.

3. Quel autre poème peut-on rapprocher de celui de Verlaine ? Pourquoi ?

4. Relevez les indices qui montrent que le poète se met en scène en train d'écrire dans « Distrayeuse » de Charles Cros.

LE FURET LECTEUR : DÉCLARER SA FLAMME

1. À qui ces poèmes sont-ils adressés ?

2. Relevez un indice dans chaque poème qui montre qu'il s'agit d'une déclaration amoureuse.

3. Le rapport entre le poète et la femme est-il toujours le même dans les poèmes ? En quoi ?

4. Cette déclaration d'amour est-elle personnelle ou impersonnelle ? Pourquoi ?

5. Classez les poèmes en deux rubriques : une déclaration personnelle / une déclaration impersonnelle.

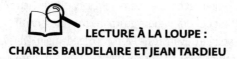

LECTURE À LA LOUPE :
CHARLES BAUDELAIRE ET JEAN TARDIEU

1. En quoi peut-on dire que « Chanson d'après-midi » dresse un portrait complexe de la femme ?

a. Relevez des éléments mélioratifs du portrait.

b. Relevez des éléments péjoratifs dans le portrait.

c. Relevez des éléments se rapportant au physique de la femme.

d. Relevez des éléments qui se rapportent à son caractère.

À partir de ce relevé, proposez un petit paragraphe de synthèse répondant à la question.

2. Qu'est-ce qui fait l'étrangeté du poème de Jean Tardieu «Étude des pronoms»? À votre avis et en vous aidant du titre, quel est l'effet recherché?

LE FURET LECTEUR : DIRE L'ÉTREINTE

1. Montrez que l'ordre des poèmes esquisse une progression dans l'étreinte amoureuse.

2. Classez les poèmes en trois catégories selon la situation d'énonciation (demandez-vous en particulier qui parle à qui, observez les pronoms utilisés).

3. Classez les poèmes en fonction du siècle où ils ont été écrits. Trouvez-vous que la sexualité est abordée différemment selon les époques? En quoi?

LECTURE À LA LOUPE :
PIERRE ALFERI ET ÉVARISTE DE PARNY

1. Relevez les indices dans le poème « Préservatif » de Pierre Alferi qui nous permettent de comprendre qu'il parle d'un préservatif.

2. Dans le poème d'Évariste de Parny, « Le lendemain », relevez les termes qui montrent que certains condamnent l'union charnelle.

3. Dans le même poème, relevez les indices qui prouvent que l'auteur, lui, ne condamne pas Éléonore.

LE FURET LECTEUR : CLAMER SA PASSION

1. Que signifie clamer ?

2. En quoi peut-on dire que les poèmes de cette section sont particulièrement expressifs ? Relevez quelques procédés qui le montrent.

3. Quels sont les différents sens du mot passion ? Montrez que les poèmes illustrent ces différents sens, exemples à l'appui.

LECTURE À LA LOUPE : LOUISE LABÉ

1. Montrez en quoi le poème « Je vis, je meurs… » de Louise Labé est construit sur des antithèses : faites deux colonnes et mettez dans chacune, face à face, les mots que la poétesse oppose dans le poème.

2. Que veut montrer Louise Labé par ces oppositions ?

LE FURET LECTEUR :
LA PLAINTE AMOUREUSE

1. Recensez les obstacles à l'amour dans ces différents poèmes.

2. Relevez au moins deux termes dans chaque poème qui renvoient au champ lexical du désespoir.

3. Comment appelle-t-on un poème qui exprime des sentiments tristes ?

4. Quel poème vous semble le plus touchant ? Pourquoi ?

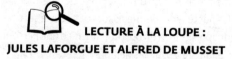

LECTURE À LA LOUPE :
JULES LAFORGUE ET ALFRED DE MUSSET

1. Qu'est-ce qu'une « complainte » ? Quel mot retrouvez-vous dans ce terme ? En quoi le poème « Complainte-litanies de mon sacré-cœur… » de Jules Laforgue est-il une « complainte » ?

2. En quoi peut-on voir un jeu de mots dans le titre de ce poème ?
3. Qui est « Mademoiselle » par rapport au poète dans le texte d'Alfred de Musset ? Relevez quelques indices dans le texte qui montrent quelle est leur relation, ce qu'il ressent pour elle.

LE FURET LECTEUR : TAIRE L'AMOUR ?

1. En quoi ces deux poèmes incitent-ils à taire l'amour d'une manière différente ?
2. Êtes-vous d'accord avec Gabriel-Charles de Lattaignant lorsqu'il dit « L'amour ne veut point de témoins » ? Argumentez.

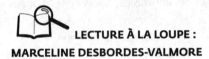

LECTURE À LA LOUPE : MARCELINE DESBORDES-VALMORE

1. « N'écris pas ! » : quel est le temps et le mode de cette phrase ?
2. À qui Marceline Desbordes-Valmore demande-t-elle de ne pas écrire ? Pourquoi ne veut-elle pas qu'il lui écrive ? Relevez des indices dans le texte.
3. Ne voyez-vous pas un paradoxe entre la demande de la poétesse et le fait qu'elle fasse de cette demande un poème adressé ?

LE FURET LECTEUR : DIRE L'AMOUR ET MÉDIRE

1. On dit « médire de quelqu'un », mais que signifie « médire » ?
2. En quoi les poètes sont-ils médisants dans cette section ?
3. Comment appelle-t-on un portrait négatif d'une personne, visant à la critiquer, à faire ressortir ses défauts ?
4. À votre avis, pourquoi les poètes dressent-ils de tels portraits ? Trouvez au moins deux types de raison, de sorte à classer les poèmes en deux groupes.

LECTURE À LA LOUPE :
RONSARD, THÉOPHILE DE VIAU, RAYMOND QUENEAU

1. Quel est le temps verbal dominant dans le poème de Ronsard, «Quand vous serez bien vieille…», et dans celui de Théophile de Viau, «Ton orgueil peut durer…»? Pourquoi utilisent-ils ce temps-là?

2. Quelle particularité remarquez-vous dans le poème de Raymond Queneau? Quel est l'effet recherché?

LE FURET LECTEUR : SE SOUVENIR DE L'AMOUR

1. Relevez dans les poèmes le champ lexical du souvenir.

2. Classez les poèmes selon le type de souvenir amoureux que les poètes se remémorent (bon/mauvais ; une personne en particulier qu'ils ont aimée/l'amour en général).

LECTURE À LA LOUPE : LES DESTINATAIRES

1. Quel parallèle fait Guillaume Apollinaire entre la Seine qui coule et ses amours? Relevez des expressions précises qui unissent ces deux thèmes, produisant ainsi une métaphore filée.

2. Quel est le destinataire du poème de Musset? Relevez des indices dans le texte.

3. À votre avis, qui est le destinataire du poème de Marceline Desbordes-Valmore?

4. Quelle réponse la poétesse finit-elle par donner à la question initialement posée?

Jeu de lettres

Dire l'amour

a. Trouvez les mots suivants dans la grille : **tercet, prose, orphisme, rimes, amante, sonnet, ode, embrasse, baiser, musicien, distique**. Les mots peuvent se lire horizontalement et verticalement.

O	D	E	A	E	R	E	T
R	I	M	E	S	I	A	E
P	S	B	A	I	S	E	R
H	T	R	U	L	D	B	C
I	I	A	M	A	N	T	E
S	Q	S	O	N	N	E	T
M	U	S	I	C	I	E	N
E	E	E	P	R	O	S	E

b. Avec les lettres restantes, retrouvez le nom d'un poète :

_ _ _ _ _ _ _ _ _ _

20/20

Le 20 sur 20

Avez-vous bien lu le recueil et le dossier ? Les 10 premières questions concernent le recueil, les 10 suivantes le dossier. Vous pouvez vous auto-évaluer en vérifiant les réponses qui sont à l'envers, à la page suivante.

1. Quel est le thème commun aux poèmes du recueil ?
2. En quoi les poèmes proposent-ils une vision différente de l'amour ?
3. Citez au moins un poème parlant d'un amour malheureux.
4. Citez un poème décrivant la souffrance amoureuse.
5. Citez un poème faisant une déclaration d'amour.
6. Le destinataire des poèmes est-il toujours le même ? En quoi ?
7. Citez au moins deux formes poétiques qui sont présentes dans le recueil.
8. Citez un poème où l'amour est évoqué comme un souvenir.
9. Dans la liste suivante, quel auteur n'est pas un poète du recueil : Paul Éluard, la marquise d'Antremont, Charles Baudelaire, Louise Labé, Guillaume Apollinaire, George Sand.
10. Quel second thème n'est pas abordé dans les poèmes : l'écriture, la mort, le rêve, la ville, la nature ?

11. Quel est l'attribut du poète Orphée ?
12. Quelles différentes formes la poésie a-t-elle prises de l'Antiquité à nos jours ?
13. Depuis quand la poésie existe-t-elle ?
14. Dans quel but Lamartine écrit-il le poème « Le lac » ?
15. Que signifie à l'origine le mot « passion » ? Trouvez un mot ayant la même étymologie.
16. Qu'est-ce que le Styx ?
17. Qui sont les Parques ?

18. Comment appelle-t-on les poètes du Moyen Âge ?
19. Qui avait accès à la lecture et à l'écriture des poèmes au Moyen Âge ?
20. Pourquoi écrire des poèmes d'amour ? Proposez au moins deux visées.

pour les hommes, le mot connote donc une idée de douleur et de sacrifice : « patient » a la même étymologie que « passion ».

16. Dans la mythologie grecque, le Styx est le fleuve qui coule dans les Enfers.

17. Dans la mythologie grecque, les Parques sont les trois sœurs présidant au destin des hommes. Elles mettent fin à la vie des humains en coupant le fil de leur vie.

18. Les poètes du Moyen Âge sont les troubadours, les jongleurs et les clercs.

19. C'est la noblesse qui avait accès à la lecture et à l'écriture des poèmes au Moyen Âge : les nobles, privilégiés, avaient des maîtres et pouvaient se procurer des livres qui, à l'époque, étaient très chers.

20. L'écriture de poèmes amoureux peut avoir pour but de séduire (l'être aimé et le lecteur), mais aussi de rendre hommage à la personne aimée.

RÉPONSES

1. L'amour.

2. Certains parlent d'un amour heureux, d'autres d'un amour malheureux. Certains abordent le thème de manière raisonnée, expliquant ce qu'est l'amour, d'autres de manière passionnée, lorsque le poète déclare sa flamme.

3. « Il n'y a pas d'amour heureux » de Louis Aragon.

4. « Je vis, je meurs… » de Louise Labé.

5. « Je t'aime » de Paul Éluard.

6. Le destinataire des poèmes varie. Il s'agit souvent de la femme aimée ou du lecteur.

7. Le recueil comprend des poèmes en vers avec des formes fixes, comme le sonnet, des poèmes en vers libres et des poèmes en prose.

8. « Rappelle-toi » d'Alfred de Musset.

9. George Sand, c'est le pseudonyme d'une écrivaine nommée Aurore Dupin, qui n'a d'ailleurs pas écrit de poèmes.

10. C'est le thème de la ville. Le poème « Distrayeuse » de Charles Cros parle de l'écriture, « Green », de Verlaine évoque la nature, le rêve est évoqué dans plusieurs poèmes dont « Je croyais, en dormant… » de Louise Gillot de Saintonge, et la mort est présente, entre autres, dans le poème « Sur un tombeau » de Tristan l'Hermite.

11. C'est la lyre.

12. La poésie a été chantée, écrite en vers et en prose. Aujourd'hui, elle explore différentes formes graphiques, elle peut se retrouver dans les chansons ou faire l'objet de performances.

13. Cela est difficile à définir mais le mot « poésie » a été inventé dans l'Antiquité, et c'est de cette période que datent les premières traces de poésie que nous avons.

14. Lamartine écrit « Le lac » pour rendre hommage à son amante disparue, Julie Charles, et afin de pérenniser le souvenir de leur amour.

15. À l'origine, le mot « passion » renvoie à la passion du Christ, à son sacrifice

À nous de jouer

En musique

Sélectionnez un poème du recueil et choisissez une musique (un air sans paroles) que vous trouvez en adéquation avec le texte, qui vous évoque la même atmosphère, les mêmes sentiments.

- Vous vous entraînerez à lire le poème sur cette musique en mettant le ton pour exprimer par votre voix les émotions qu'il vous inspire.
- Laissez-vous guider par le rythme de la musique que vous avez choisie pour ralentir ou accélérer votre débit de paroles à différents endroits du poème, pour appuyer sur certaines consonnes.
- Selon la rythmique que vous avez trouvée, vous pouvez proposer votre propre interprétation du poème : en répétant certains mots, en reprenant un vers ou une strophe en guise de refrain, pour qu'il soit encore plus en adéquation avec la musique choisie.

En répliques

- Relisez le poème d'Étienne Jodelle « Comment pourrais-je aimer… » (p. 91).
- Amusez-vous à imaginer ce que la femme pourrait répliquer au poète qui lui dresse ici un portrait peu élogieux :
    a. Reprenez le modèle de la strophe 1 : « Comment pourrais-je aimer » + énumération de traits physiques grossiers.
    b. Reprenez la strophe 2 : énumération de traits physiques grossiers.

- Une fois que votre texte est écrit, mettez-vous en binôme. Vous devez vous donner la réplique, comme deux acteurs. Le premier adresse à l'autre sa première strophe, en mettant le ton. Le deuxième lui répond avec la première strophe qu'il a lui-même écrite. Le premier enchaîne avec sa deuxième strophe, le deuxième conclut avec la sienne.
- Une fois que vous vous êtes entraîné à interpréter votre texte et que vous avez bien pris connaissance des répliques de l'autre, amusez-vous à développer un véritable jeu d'acteur en vue d'une scène comique :
  a. Par une imitation moqueuse de l'autre dans votre ton (par la reprise du «Comment pourrais-je aimer», par exemple).
  b. Par un jeu de mime : mimez les caractéristiques physiques que vous pointez chez l'autre ou alors faites mine de vérifier sur vous-même si vous avez ces défauts physiques qu'on vous prête.

De la narration à la mise en scène

- Devenez les narrateurs du poème «Je croyais, en dormant…» de Louise Gillot de Saintonge en le transformant en récit. Pour cela, ajoutez dans chaque espace un verbe de parole en incise («s'exclama-t-elle», «hurla-t-elle», «se demanda la belle», «soupira la malheureuse»…. + un complément circonstanciel de manière («avec dépit», «tristement», «en bâillant», «en pleurant», «en se cachant les yeux»…). Faites preuve d'imagination et d'à-propos !

> Je croyais, en dormant, voir le héros que j'aime,
> Charmé de mon amour, m'assurer de sa foi (……..) :
> Quel excès de plaisir ! dans cette erreur extrême
> Il n'était rien de plus heureux que moi (……..).
> C'est toi, lumière trop fatale,
> Qui viens m'enlever mon bonheur (………………) !
> En m'éveillant, je pense à ma rivale ;

Mille soupçons jaloux me déchirent le cœur (........) :
Sommeil, rends-moi tes doux mensonges (....................),
Une semblable nuit vaut bien les plus beaux jours ;
Que ne puis-je dormir toujours
Puisque je suis heureuse en songes (....................) ?

- Mettez-vous ensuite en binôme. Choisissez le texte de l'un d'entre vous et distribuez-vous les rôles : l'un devra jouer celle qui se réveille de son songe, mettre le ton et faire les gestes et actions indiqués dans l'incise, l'autre, s'adressant au public, devra jouer ces incises sous forme d'apartés. À vous de vous amuser de cette redondance et de son effet étrange ou comique.
- Accentuez l'effet comique en mettant au point un jeu d'acteur qui serait différent de ce qui est dit dans les incises. Chacun des deux acteurs doit proposer un jeu opposé à celui de l'autre.

Par exemple, le premier acteur peut hurler sa réplique avec énervement et le second acteur commenter d'une voix douce : « murmura-t-elle avec tendresse ».

Organisons le débat

Femme aimée ou femme-objet ?

Au cours de notre lecture, nous avons découvert des poèmes majoritairement écrits par des hommes et évoquant des femmes ou ne s'adressant qu'à une seule pour parler d'amour.

À votre avis, les poèmes d'amour des hommes pour les femmes sont-ils un véritable hommage rendu à la femme ou un moyen d'en faire un objet ?

Les poèmes d'amour écrits pour / sur les femmes leur rendent hommage	Les poèmes d'amour écrits pour / sur les femmes en font des objets
– Le poète loue l'ensemble de la personne de celle qu'il aime, y compris ses qualités humaines. – Le poète fait de celle qu'il aime son égale et même sa raison d'exister. – Il considère même la femme comme plus puissante par son pouvoir sur son cœur. – Il admire la beauté de celle qu'il aime sans se référer aux clichés physiques. – Il lui rend hommage par son poème, même après sa mort.	– Certains poèmes d'amour, exprimant la jalousie ou le dépit de l'amant, sont très critiques et attaquent les femmes sur leur physique. – Ils présentent la femme comme n'étant pas digne d'amour si elle n'est pas ou n'est plus belle. – La plupart des poèmes qui prétendent rendre hommage à la femme ne parlent que de leur physique… – … voire même de ce qui, dans leur physique, inspire la sexualité. – Lorsque la femme est louée pour autre chose, elle est un faire-valoir du poète, elle le met en valeur.

Poésie et vers

Le mythe d'Orphée nous a permis de constater l'union première de la poésie et de la musique. Pour nous, le vers est une trace de cette musicalité poétique.

À votre avis, la poésie doit-elle être versifiée pour demeurer musicale ?

La poésie doit être versifiée pour demeurer musicale	La poésie ne doit pas forcément être versifiée pour demeurer musicale
– Un nombre égal de syllabes + des rimes est la base de la musicalité, on retrouve même ces règles dans la chanson, c'est cela qui donne un rythme au poème, on le sent à la lecture. – On met d'ailleurs plus volontiers des poèmes versifiés en musique, on peut les interpréter comme des chansons.	– D'autres procédés que le vers peuvent être source de musicalité comme les répétitions de mots ou de sons. – C'est aussi à nous, par notre interprétation, par le fait d'insister sur certaines lettres, certains mots, par les pauses que nous faisons, de rendre un poème musical. La versification n'est pas un guide absolu.

PROLONGE-
MENTS

Groupement de textes, « De Narcisse au narcissisme : amoureux de soi-même »

Les Métamorphoses
Ovide (Ier siècle)
(trad. de Louis Puget, Th. Guiard, Chevriau et Fouquier, 1876)

Dans une centaine d'histoires rassemblées en quinze livres, Ovide (43 av. J.-C.– 17 apr. J.-C.) raconte les transformations des dieux et des mortels : ce sont Les Métamorphoses. *Au livre III, un couple, qui vient d'avoir un enfant, consulte à son sujet le devin Tirésias. Celui-ci dépeint un bel avenir pour le nouveau-né, il sera incroyablement beau et aimé de tous, cependant il ne devra jamais voir son propre reflet. L'enfant grandit, jeunes femmes et jeunes hommes tombent tous sous son charme mais il les dédaigne, jusqu'à la nymphe Écho qui s'en plaint aux dieux. Son destin funeste se prépare, alors qu'après la chasse il cherche à se désaltérer à une source claire.*

C'est là que Narcisse vient reposer ses membres épuisés par les fatigues de la chasse et par la chaleur : charme de la beauté du site et de la limpidité des eaux, il veut éteindre sa soif ; mais il sent naître dans son cœur une soif plus dévorante encore. Tandis qu'il boit, épris de son image qu'il aperçoit dans l'onde, il prête un corps à l'ombre vaine qui le captive : en extase devant lui-même, il demeure, le visage immobile comme une statue de marbre de Paros. Étendu sur la rive, il contemple ses yeux aussi brillants que deux astres, sa chevelure, digne de Bacchus et d'Apollon, ses joues, ombragées d'un léger duvet, son cou d'ivoire, sa bouche gracieuse et son teint, où la blancheur de la neige se marie au plus vif incarnat : il admire les charmes qui le font admirer. Insensé ! c'est à lui-même qu'il adresse ses vœux ; il est lui-même, et l'amant et l'objet aimé, c'est lui-même qu'il recherche, et les feux qu'il allume le consument lui-même! Que de vains baisers il donne à cette onde trompeuse! Que de fois il y plonge ses bras pour saisir la tête qu'il a vue, sans pouvoir embrasser son image! Il ne sait ce qu'il voit, mais ce qu'il voit l'enflamme, et l'illusion qui trompe ses yeux irrite encore ses désirs. […]

«Ah! que ne puis-je me séparer de mon corps! Souhait étrange dans un amant, je voudrais éloigner de moi ce que j'aime! Déjà la douleur épuise mes forces; il ne me reste plus que peu d'instants à vivre; je m'éteins à la fleur de mon âge; mais la mort n'a rien d'affreux pour moi, puisqu'elle doit me délivrer du poids de mes souffrances. Je voudrais que l'objet de ma tendresse pût me survivre; mais unis dans le même corps, nous ne perdrons en mourant qu'une seule vie.»

Il dit, et dans son délire il revient considérer la même image; ses larmes troublent la limpidité des eaux, et l'image s'efface dans leur cristal agité. Comme il la voit s'éloigner: «Où fuis-tu? s'écrie Narcisse; oh! demeure, je t'en conjure: cruelle, n'abandonne pas ton amant. Ces traits que je ne puis toucher, laisse-moi les contempler, et ne refuse pas cet aliment à ma juste fureur.» Au milieu de ses plaintes, il déchire ses vêtements; de ses bras d'albâtre il meurtrit sa poitrine nue qui se colore, sous les coups, d'une rougeur légère; elle parut alors comme les fruits qui, rouges d'un côté, présentent de l'autre une blancheur éblouissante, ou comme la grappe qui, commençant à mûrir, se nuance de l'éclat de la pourpre. Aussitôt que son image meurtrie a reparu dans l'onde redevenue limpide, il n'en peut soutenir la vue; semblable à la cire dorée qui fond en présence de la flamme légère, ou bien au givre du matin qui s'écoule aux premiers rayons du soleil, il languit, desséché par l'amour, et s'éteint lentement, consumé par le feu secret qu'il nourrit dans son âme: déjà il a vu se faner les lis et les roses de son teint; il a perdu ses forces et cet air de jeunesse qui le charmaient naguère; ce n'est plus ce Narcisse qu'aima jadis Écho. Témoin de son malheur, la nymphe en eut pitié, bien qu'irritée par de pénibles souvenirs. Chaque fois que l'infortuné Narcisse s'écriait *hélas!* la voix d'Écho répétait: *hélas!* Lorsque de ses mains il frappait sa poitrine, elle faisait entendre un bruit pareil au bruit de ses coups. Les dernières paroles de Narcisse, en jetant selon sa coutume un regard dans l'onde, furent : « hélas ! vain objet de ma tendresse ! » Les lieux d'alentour répètent ces paroles. *Adieu*, dit-il ; *adieu*, répond-elle. Il laisse retomber sa tête languissante sur le gazon fleuri, et la nuit ferme ses yeux encore épris de sa beauté : descendu au ténébreux séjour, il se mirait encore dans les eaux du Styx. Les naïades, ses sœurs, le pleurèrent, et coupèrent leurs cheveux pour les déposer sur sa tombe fraternelle ; les Dryades le pleurèrent aussi ; Écho redit leurs gémissements. Déjà le bûcher, les torches funèbres, le cercueil, tout est prêt ; mais on cherche vainement le corps de Narcisse : on ne trouve à sa place qu'une fleur jaune, couronnée de feuilles blanches au milieu de sa tige.

Questions

• **Recherchez dans le dictionnaire les mots : « Narcisse », « narcisse » et « narcissisme ». Grâce aux définitions et au mythe que vous avez lu, établissez un lien entre les trois.**
• **En quoi la description physique de Narcisse est-elle méliorative ?**
• **À qui Narcisse parle-t-il dans cet extrait ?**

Narcisse ou l'amant de lui-même
Jean-Jacques Rousseau (1753)
(Éditions Peyrou-Moultou)

Dans cette pièce de jeunesse, Jean-Jacques Rousseau (1712-1778) donne une variation plaisante du mythe de Narcisse. Cette scène d'exposition présente Lucinde, accompagnée de sa suivante Marton, qui vient de maquiller un portrait de son frère et le replace dans la chambre de celui-ci. La jeune fille a si bien œuvré que son frère, Valère, semble ainsi travesti en femme. Lucinde veut lui donner une leçon et le faire changer, alors qu'il s'apprête à se marier avec Angélique. En effet, Valère est coquet, vaniteux, il passe son temps à s'admirer : c'est un narcissique. Cependant, Valère en voyant cette version féminine de lui-même en tombera amoureux, compromettant son mariage avec Angélique.

LUCINDE : Je viens de voir frère se promener dans le jardin, hâtons-nous, avant son retour, de placer son portrait sur sa toilette.

MARTON : Le voilà, Mademoiselle, changé dans ses ajustements de manière à le rendre méconnaissable. Quoiqu'il soit le plus joli homme du monde, il brille ici en femme encore avec de nouvelles grâces.

LUCINDE : Valère est, par sa délicatesse et par l'affectation de sa parure, une espèce de femme cachée sous des habits d'homme, et ce portrait, ainsi travesti, semble moins le déguiser que le rendre à son état naturel.

MARTON : Eh bien, où est le mal ? Puisque les femmes aujourd'hui cherchent à se rapprocher des hommes, n'est-il pas convenable que ceux-ci fassent la moitié du chemin, et qu'ils tâchent de gagner en agréments autant qu'elles en solidité ? Grâce à la mode, tout s'en mettra plus aisément de niveau.

LUCINDE : Je ne puis me faire à des modes aussi ridicules. Peut-être notre sexe aura-t-il le bonheur de n'en plaire pas moins, quoiqu'il devienne plus estimable. Mais pour les hommes, je plains leur aveuglement. Que prétend cette jeunesse étourdie en usurpant tous nos droits ? Espèrent-ils de mieux plaire aux femmes en s'efforçant de leur ressembler ?

MARTON : Pour celui-là, ils auraient tort, et les femmes se haïssent trop mutuellement pour aimer ce qui leur ressemble. Mais revenons au portrait. Ne craignez-vous point que cette petite raillerie ne fâche Monsieur le Chevalier ?

LUCINDE : Non, Marton ; mon frère est naturellement bon, il est même raisonnable, à son défaut près. Il sentira qu'en lui faisant par ce portrait un reproche muet et badin, je ne songe qu'à le guérir d'un travers qui choque jusqu'à cette tendre Angélique, cette aimable pupille de mon père que Valère épouse aujourd'hui. C'est lui rendre service que de corriger les défauts de son amant.

Questions

• *Quel portrait de Valère est fait ici, in absentia ? Comment pouvons-nous nous l'imaginer ? Relevez des indices précis dans le texte.*
• *Dans quel but Lucinde agit-elle ? Comment se justifie-t-elle ?*
• *Le portrait travesti est l'occasion d'un débat entre Lucinde et Marton. Sur quoi porte-t-il ? Quel est l'avis de Lucinde et quel est celui de Marton ? Relevez leurs arguments.*
• *Êtes-vous plutôt de l'avis de Lucinde ou de celui de Marton ?*
• *Prolongez le débat en apportant d'autres arguments.*

Belle du Seigneur
Albert Cohen (1968)
(Éditions Gallimard)

Ce roman d'Albert Cohen (1895-1981) est un hymne à la passion amoureuse, obsédante et tragique. Ariane passe toutes ses journées dans l'attente de son amant Solal qui la rejoint le soir. Entre eux est né un amour parfait, nourri d'admiration. Ariane n'a de cesse de s'apprêter pour être aimée toujours plus de son amant, pour se montrer digne de lui, être la « belle » de son « seigneur ». Elle est ainsi obsédée par sa propre image, s'observe, se surveille, voulant paraître idéale aux yeux de son amant.

Ensuite, elle rentrait, essayait des robes pour décider de laquelle elle mettrait ce soir, et alors elle se regardait dans la glace, se régalait d'être admirée par lui ce soir, prenait des attitudes divines, imaginait qu'elle était lui la regardant, afin de se représenter ce qu'il penserait vraiment de cette robe. Dites, vous m'aimez ? lui demandait-elle devant la glace, et elle lui faisait une moue adorable, hélas gaspillée. Ou encore elle lui écrivait sans raison, pour être avec lui, pour s'occuper de lui, pour lui dire des phrases ornées, intelligentes, et en être admirée.

[...]

Ensuite, c'était la grande importance de s'habiller, avec ses angoisses. Ne valait-il pas mieux mettre cette autre robe, l'austère plissée, ou plutôt non, la rouge, si seyante dans cet éclairage atténué ? Mais soudain surgissait la certitude que ce soir elle ne se sentirait bien que dans le petit ensemble tussor. Eh oui, un vêtement aussi c'était un état d'âme, et d'ailleurs l'autre jour il avait aimé cet ensemble, et puis ainsi elle pourrait mettre une blouse, une blouse c'était plus commode si, et on n'avait qu'à, tandis qu'avec la robe plissée si montante et qui se boutonnait dans le dos, l'idiote, c'était toute une histoire si, tandis qu'avec une blouse c'était tout simple si, et bref, les blouses ça se déboutonnait devant.

Oh, j'adore quand, quand il, oui, me les baise longtemps, longtemps, moi fondue, eh bien vous autres, les autres, on ne vous en fait pas autant ? et si on ne vous en fait pas autant tant pis pour vous, bisquez et ragez, moi j'adore ça, oui donc tandis qu'avec une robe qui ne se déboutonne que juste un peu dans le dos c'est gênant, il faut l'enlever, et même c'est moi qui dois l'enlever, ça fait genre chez le médecin, moi toute rouge de confusion, tandis qu'une blouse ou enfin un chemisier, je n'ai jamais su la différence, il déboutonne sans trop que je m'en aperçoive, c'est plus convenable, surtout s'il n'y a pas trop de lumière, mais tout de même si Tantlérie me, en somme je me vautre dans la féminité, tant pis, c'est comme ça.

Habillée, elle procédait aux dernières vérifications d'un regard impartial, faisait trois ou quatre pas vers la glace pour faire naturel, puis reculait pour se rendre compte, puis mettait le revers de la main contre la hanche pour avoir de l'assurance, puis expérimentait des attitudes et des sourires, puis faisait des essais simultanés d'expressions et de voix, la phrase utilisée étant le plus souvent « non je ne crois pas », parce que cela faisait sûre d'elle, un peu dédaigneuse. Ensuite, elle s'asseyait, tâchait de se tenir immobile pour ne pas altérer sa perfection. Angoissée, elle guettait les bruits de moteur, allumait une cigarette pour se donner une contenance, éteignait aussitôt pour ne pas souiller ses dents et son haleine, trouvait fatigant de rester assise, et d'ailleurs ça donnerait un mauvais pli à sa jupe, mieux valait sortir. Sur le seuil, dans la nuit chaude, elle attendait, avec la peur de transpirer, et ce serait affreux car son nez luirait.

Questions

- **Qui parle dans cet extrait ? Comment passe-t-on d'un locuteur à l'autre ?**
- **Quels procédés montrent que nous sommes dans la tête d'Ariane ? Comment l'auteur représente-t-il le flux de ses pensées ? Comment cela s'appelle-t-il ?**
- **En quoi Ariane est-elle narcissique ? En quoi ce narcissisme est-il différent de celui de Narcisse ou de Valère ?**

Le marketing de l'ego :
du Client-Roi au Client-Moi
Henri Kaufman et Laurence Faguer (2005)
(Éditions Maxima)

Dans leur essai, les auteurs, spécialistes de l'économie, montrent l'évolution du client parallèle à celle des stratégies marketing. Dans le monde d'aujourd'hui, les stratégies de vente et les publicités doivent cibler l'ego, le narcissisme du client.

« Parle-moi de Moi, il n'y a que ça qui m'intéresse. »

Chez tout consommateur, il y a un Narcisse qui s'ignore. Narcisse était fasciné, non par lui-même mais par son image qui se reflétait à la surface de l'eau.

Tant et si bien qu'il se noya. André Comte-Sponville définit ainsi le narcissisme dans son *Dictionnaire philosophique* : l'amour, non de soi mais de son image. Narcisse, incapable de la posséder, incapable d'aimer autre chose, finit par en mourir. C'est la version auto-érotique de l'amour-propre et un autre piège. On n'en sort que par l'amour vrai, qui n'a que faire des images. Les consommateurs d'aujourd'hui sont sur-conditionnés par la publicité. Elle leur envoie une image tellement surévaluée qu'elle en devient idéalisée, et ils adoptent un comportement centripète[1] qui les fait tourner de plus en plus autour de leur nid familial et de leur nombril. C'est le piège majeur dans lequel sont tombées et tombent encore de nombreuses marques. Certaines relèvent presque du pervers narcissique et du harcèlement moral.

Cet égocentrisme ambiant ne manque pas de remonter à la surface et d'accaparer le premier rôle quand un individu se transforme en client, ou plus exactement endosse le costume du client, face à un autre individu qui, lui, a endossé le costume du vendeur, ce costume emblématique de la marque, aux poches bourrées de valeurs et de soi-disant avantages exclusifs.

[…]

LES 7 « PÉCHÉS » DE NARCISSE :

Il est intéressant de les connaître afin de les repérer facilement chez les clients atteints des mêmes symptômes.

• Narcisse ne supporte pas la honte. Il évite donc de se mettre dans une situation où il serait exposé à une humiliation, même légère. En cas d'erreur, ce n'est jamais de sa faute. Culpabiliser un client est la pire chose que puisse faire un vendeur ou un téléacteur.

• Narcisse vit dans un monde imaginaire (dont il est le meilleur sujet).

---

1. Dirigé vers le centre, ici : centré sur soi.

• Narcisse est arrogant. Être bon ne lui suffit pas ; il veut être le meilleur des meilleurs. Il cultive un bon complexe de supériorité et adore les compétitions où il est sûr de gagner. De toute façon, il est mauvais perdant. N'étant pas sûr à 100 % de sa supériorité, Narcisse recherche en permanence l'admiration des autres.

• Narcisse ne supporte pas que d'autres possèdent des choses qu'il n'a pas. Cela remet en cause son sentiment de supériorité.

• Narcisse enrage quand quelqu'un décide ou fait les choses à sa place. Il est abasourdi quand ce qu'il a prévu n'arrive pas.

• Narcisse a une fâcheuse tendance à exploiter son entourage tout en prétendant n'en avoir pas besoin.

• Narcisse distingue mal ses propres limites. Il considère les « autres » comme des prolongements de lui-même et ne se rend pas compte quand il entre dans la bulle d'intimité.

Questions

• *Quel lien est fait entre Narcisse et le client ?*
• *Quel champ lexical prédomine dans cet extrait ?*
• *Quel est le point de vue des auteurs sur le fait que la société de consommation joue sur le narcissisme du client ? Relevez des indices qui le montrent.*
• *Les auteurs relèvent quelques slogans publicitaires qui bien sûr datent un peu : « En Devernois, je suis moi » ou : « Vous allez un petit peu vous sentir le centre du monde. » Complétez avec d'autres marques que vous connaissez, qui font également appel au narcissisme du client.*

Histoire des arts

Au verso de la couverture en début d'ouvrage :

Autoportrait en robe Tehuana ou Diego en mis pensamientos, 1943
FRIDA KAHLO (1907-1954)
HUILE SUR ISOREL, MEXIQUE, COLLECTION D'ART MEXICAIN MODERNE ET CONTEMPORAIN JACQUES ET NATACHA GELMAN.

Frida Kahlo est une artiste mexicaine engagée politiquement pour l'émancipation des femmes. Elle se fait une place sur la scène artistique aux côtés de son mari, Diego Rivera, artiste peintre célèbre. Ils partagent un amour passionnel, rythmé par les rivalités, les jalousies, les séparations et les retrouvailles.

L'année où elle a peint cette toile, Frida, paralysée à la suite d'un accident, se fait opérer de la colonne vertébrale et reste des mois prisonnière d'un corset de fer. Durant sa convalescence, allongée dans son lit, se regardant dans un miroir placé au-dessus d'elle, elle peint cinquante-cinq autoportraits, reflétant ses pensées, ses cauchemars, ses angoisses.

Dans cet autoportrait, qui est un double portrait, lequel des amoureux est prisonnier de l'autre ?

1. **Diego, piégé dans les pensées et dans la toile de Frida :**
   a. Comment Frida représente le fait que Diego est dans ses pensées ?
   b. La mère de Frida, à propos de l'union de Diego et de sa fille, s'exclame : « C'est le mariage d'un éléphant et d'une colombe ! » En effet, Frida était en réalité beaucoup plus petite et chétive que Diego, qui était très imposant. Cela est-il retranscrit dans la toile ? Quelles proportions choisit Frida ? Pourquoi ?

c. Examinez les fils qui parcourent la toile. D'où semblent-ils sortir ? Qui semblent-ils emprisonner ? Imaginez ce que pourraient symboliser ces fils. En quoi peut-on dire que Diego est prisonnier de la toile de Frida ?

2. **Les pensées amoureuses de Frida : piège de l'obsession mais libération du corps par la pensée :**

   a. Frida se représente en tenue traditionnelle de Tehuana, région du Mexique où les femmes ont un certain pouvoir économique. Elle affirme ainsi son indépendance ; mais que peut également évoquer cette robe blanche ? Met-elle en valeur le corps de Frida ? Frida semble-t-elle libre de ses mouvements ? À votre avis, pourquoi s'est-elle représentée ainsi ?

   b. Quelle forme géométrique semble dessiner le buste de Frida ? Qui est représenté au sommet de cette forme et la domine ? Comment interpréter cela ?

   c. Frida, exposée ainsi de face, dans sa robe traditionnelle, semble figée dans l'immobilité. Qu'est-ce qui peut suggérer cependant le mouvement de sa pensée dans ce tableau ? Quel en est le noyau ?

Au verso de la couverture en fin d'ouvrage :

Spooning Couple, 2005
RON MUECK (NÉ EN 1958)

SCULPTURE, ÉDIMBOURG, ARTIST ROOMS TATE AND NATIONAL GALLERIES OF SCOTLAND
Acquired jointly through The d'Offay Donation with assistance
from the National Heritage Memorial Fund and Art Fund 2008 © Ron Mueck.

Ron Mueck est un artiste sculpteur hyperréaliste. Il représente le corps humain dans ses détails les plus infimes, grâce à différents matériaux comme le silicone, la résine polyester… mais il n'hésite pas également à prêter à ses sculptures de véritables cheveux et poils.

D'autre part, il joue avec les proportions de ses sculptures, réalisant un bébé géant (*A Girl*) ou encore une femme toute petite soulevant un fagot de bois (*Woman With Sticks*).

L'artiste dépasse les tabous liés au corps en représentant sans artifice le corps nu du mort ou du nouveau-né. Ici, il présente un couple dans l'intimité.

1. **Vulnérabilité de ces corps surpris dans l'intimité :**
   a. Effectuez une recherche Internet pour voir la sculpture sous ses différents angles et pour en constater les proportions. Les proportions du corps humains sont-elles respectées ? Quel est l'effet créé ?
   b. Dans les deux œuvres suivantes, nous constaterons la présence d'un drap qui a différents rôles selon les tableaux. Ici, il est étrangement absent. Pourquoi s'attendrait-on, dans cette œuvre en particulier, à ce qu'un drap soit présent ? Quel est l'effet créé par son absence ?
   c. Comment voyons-nous que l'artiste a capturé un moment d'intimité ?
   d. Comment se situe, par rapport au couple, le spectateur qui regarde la sculpture ? En quoi peut-il ressentir un certain malaise ?

2. **Hyperréalisme : représentation du couple au quotidien :**
   a. Comparez ce couple à celui de Scheffer. Quelles différences remarque-t-on dans la position des corps, l'un par rapport à l'autre et dans l'espace, dans les expressions du visage, dans les vêtements ? Que peut-on déduire de ces différences ? Quel est ici le but de Ron Mueck ?
   b. Quelle impression se dégage de la sculpture ? S'agit-il d'une représentation habituelle des amoureux ? Pourquoi ?

Les ombres de Francesca da Ramini et de Paolo Malatesta apparaissent à Dante et à Virgile, 1855

ARY SCHEFFER (1795-1858)

HUILE SUR TOILE, PARIS, MUSÉE DU LOUVRE.
Photo © RMN-GP (musée du Louvre) / Jean-Gilles Berizzi.

Dans ce tableau, Ary Scheffer illustre l'histoire de Francesca et Paolo, racontée par le poète italien Dante, au chant V de sa *Divine comédie*. Francesca est forcée d'épouser le difforme Giovanni, mais elle est amoureuse du beau Paolo, le frère de celui-ci. Inspirés par les amours de Guenièvre et de Lancelot qu'ils lisent ensemble, les deux amants échangent un baiser, Giovanni les surprend et les tue de son épée.

Comment Ary Scheffer propose-t-il une représentation originale de ce couple d'amoureux célèbre ?

1. **La représentation de deux âmes...**
   a. Faites une recherche et comparez le tableau de Scheffer à ceux d'autres peintres qui ont représenté Francesca et Paolo, comme Dominique Ingres, Dante Rossetti, Gaetano Previati ou Williams Dyce. Est-ce le même moment de l'histoire des amants qui est représenté ? À quel moment de leur histoire Scheffer les dépeint-il ?
   b. Que veut dire le terme « ombres » dans le titre de l'œuvre ? Comment voit-on, à la manière dont ils sont traités par Scheffer, que les deux amants sont des ombres ?
   c. Analysez la présence du drap : pourquoi un drap enveloppe-t-il les corps ? Que peut-il évoquer ? Comment contribue-t-il aux effets de contraste et de mouvement du tableau ?

2. **... dans les Enfers :**
   a. Les deux amants ont commis un péché de luxure, l'un a trahi son frère, l'autre son mari. Ils descendent donc aux Enfers. Montrez cependant comment le peintre oppose la représentation de ces deux âmes aux Enfers qui les entourent. Comment les fait-il paraître pures ?
   b. Analysez la position des deux amants. Quelles émotions suggèrent leurs corps ?
   c. Quelles émotions le peintre veut-il faire ressentir au spectateur à la vue de ces amants ?

3. **Un hommage à l'art représentant la passion à travers les siècles :**
   a. Le peintre ne se contente pas de portraiturer les amants. Qui sont les deux personnages à droite ? Que font-ils ?
   b. Comment sait-on qu'ils ne sont pas des ombres ? En quoi sont-ils différents des deux amants ? En quoi la composition du tableau montre qu'ils appartiennent à une autre réalité ?
   c. À votre avis, pourquoi l'artiste a-t-il décidé de les faire figurer ?

Le feu aux poudres, 1767-1771
JEAN-HONORÉ FRAGONARD (1732-1806)

HUILE SUR TOILE, PARIS, MUSÉE DU LOUVRE.
Photo © RMN-GP (musée du Louvre) / René-Gabriel Ojéda.

1. **Un corps surpris dans l'intimité :**
   a. Qu'est-ce qui est mis en évidence dans le tableau ? Par quels procédés le peintre attire-t-il l'attention de l'observateur ?
   b. Analysez la posture de la femme. Quelle expression peut-on lire sur son visage ?
   c. Cette œuvre est un *tondo* (tableau de forme ronde). Comment Fragonard utilise-t-il cette forme, quelle impression cherche-t-il à susciter chez l'observateur ?

2. **Un titre suggestif :**
   a. Cherchez de quelle expression est tiré le titre du tableau. Que signifie-t-elle ? En quoi peut-on dire que Fragonard joue sur le sens propre et le sens figuré de cette expression ?
   b. Analysez le rôle et la posture des angelots. De quoi peuvent-ils être la représentation ?
   c. À quel poème de l'anthologie cette œuvre vous fait-elle penser ? Pourquoi ? Quelles différences remarquez-vous cependant ?

Dans la même collection

Mise en pages : Dominique Guillaumin
Impression Novoprint
à Barcelone, le 24 avril 2017
Dépôt légal : avril 2017

ISBN 978-2-07-271072-8/Imprimé en Espagne